LOND
BARS ET RESTOS
INSOLITES

Rachel Howard

Illustration de couverture : Alice Charbin

Jonglez

Londres regorge de restaurants et de bars tendance dont
la fréquentation est dopée par une mécanique de relations
publiques bien huilée qui dicte les lieux où voir et être
vu. Ce guide est un antidote aux lubies culinaires, aux
cocktails moléculaires et aux chefs superstars. Il rassemble
des établissements insolites dans des lieux improbables,
des entreprises indépendantes gérées par des propriétaires
excentriques, des institutions locales à contre-courant.
Cafétérias secrètes ou bars en sous-sol… les lieux présentés
ne se distinguent pas forcément par le contenu de l'assiette ou
du verre. Mais leur diversité, d'un troquet thaïlandais à une
salle de danse des années 1950 en passant par un cabaret dans
des toilettes publiques, témoigne de l'esprit cosmopolite de
Londres, ville aussi décalée qu'ancrée dans son héritage.
Il m'aura fallu du temps pour faire un choix définitif, assistée
de nombreux acolytes aussi intrépides que gourmands, dont
la curiosité, l'enthousiasme et la tolérance ne connaissent pas
de limites. Pour chaque établissement retenu, bien d'autres
ont été rejetés : trop tendance, trop vulgaires, trop classiques,
trop peu accueillants, voire carrément glaçants. Londres recèle
assurément d'autres perles, mais je dus mettre fin à ma quête à
l'heure de ma grossesse. Au moins, je sais que mon fils ne sera
pas difficile sur la nourriture.

Rachel Howard

Les commentaires sur ce guide et son contenu ainsi que
les informations sur des lieux que nous n'évoquons pas ici sont
les bienvenus. Ils nous permettront d'enrichir les futures éditions
de ce guide.
N'hésitez pas à nous écrire :
• Éditions Jonglez, 17, boulevard du Roi,
  78000 Versailles, France.
• par mail : infos@editionsjonglez.com

SOMMAIRE

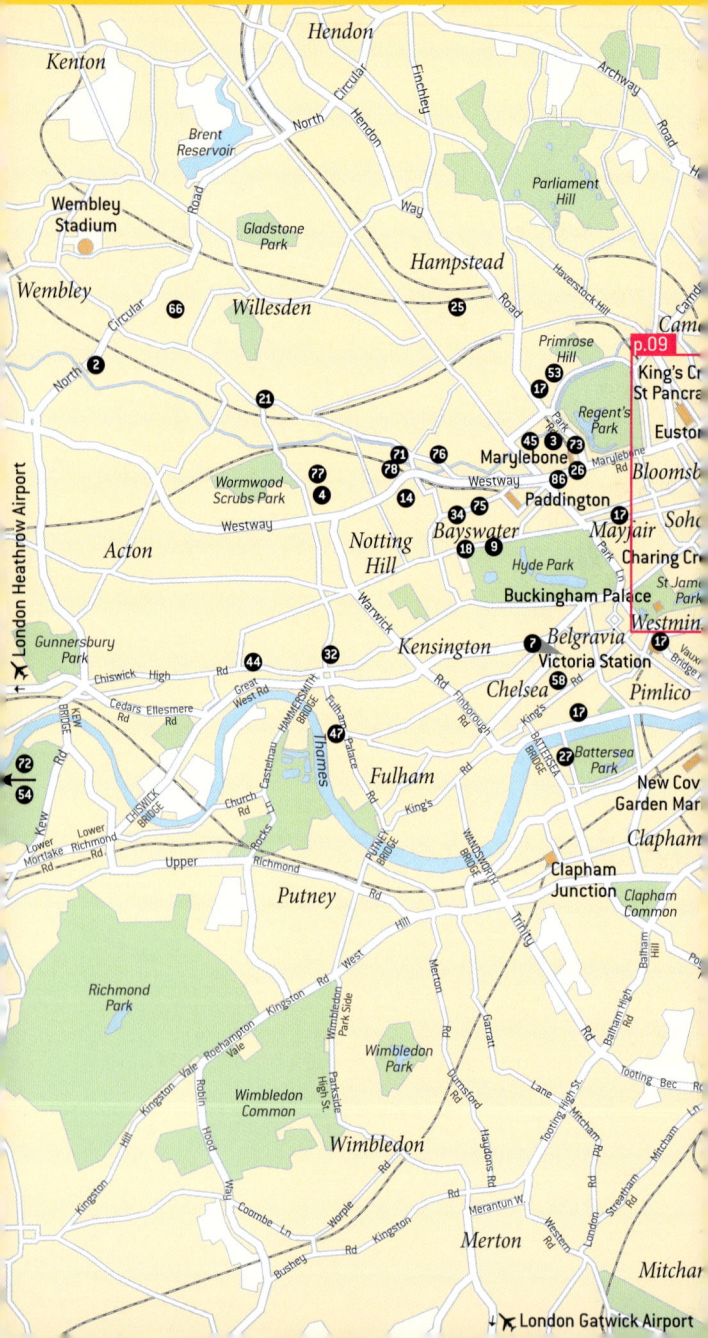

Hendon

Kenton

Brent
Reservoir

Wembley
Stadium

Wembley

Gladstone
Park

Hampstead

Parliament
Hill

66

Willesden

25

Primrose
Hill

Cam

p.09

2

North Circular

21

Wormwood
Scrubs Park

17

53

King's Cr
St Pancra

Regent's
Park

45 **3**

Euston

Marylebone

Bloomsb

Acton

77

4

71

78

76

26

86

Westway

Paddington

Soho

Notting
Hill

14

34 **75**

Bayswater

18 **9**

Hyde Park

Mayfair

17

Charing Cr

Buckingham Palace

St James
Park

Westmin

44

32

Kensington

Great
West Rd

Gunnersbury
Park

Chiswick High Rd

Cedars
Rd

Ellesmere
Rd

72

54

Kew

Chelsea

7

Belgravia

Victoria Station

58

Pimlico

17

17

Vaux
Bridge
Rd

47

Thames

Fulham

27

Battersea
Park

New Cov
Garden Mar

Church
Rd

King's

Clapham

Upper

Richmond

Putney

Clapham
Junction

Clapham
Common

Richmond
Park

Wimbledon
Park Side

Wimbledon
Park

Wimbledon
Common

Wimbledon

Merton

Mitchar

✈ London Heathrow Airport

✈ London Gatwick Airport

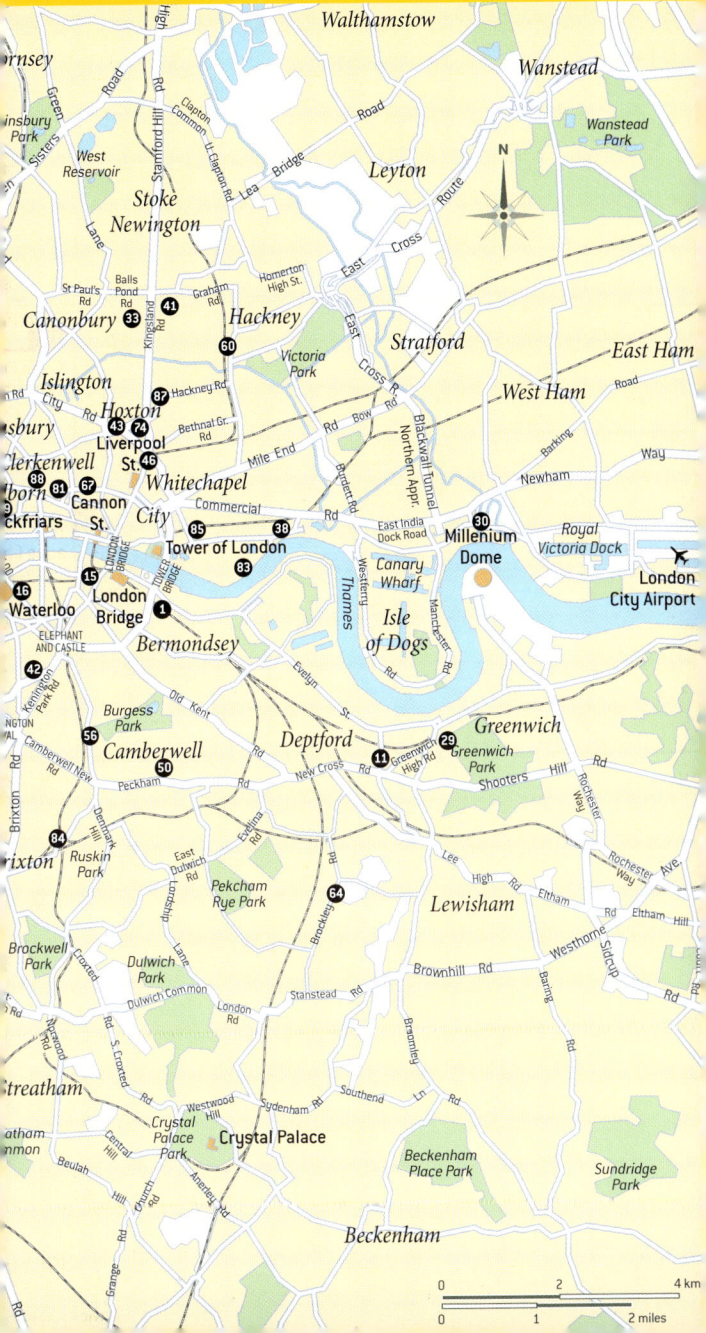

Walthamstow

Wanstead

Wanstead
Park

ornsey

nsbury
Park

West
Reservoir

Stoke
Newington

Leyton

Leyton

N

St Paul's
Rd
Balls
Pond
Rd

Canonbury

33

41

Hackney

60

Stratford

East Ham

Islington

87

Hackney Rd

Victoria
Park

West Ham

Hoxton

43 **74**

Liverpool
St.

46

Mile End

Bow
Rd

Newham

Barking

Way

sbury

erkenwell

born

ckfriars

88 **81** **67**

Cannon
St.

Whitechapel

City

Commercial
Rd

Brunel Rd

Blackwall Tunnel
Northern Appr.

East India
Dock Road

30

Millenium
Dome

Royal
Victoria Dock

London
City Airport

85

38

Tower of London

83

Canary
Wharf

16

15

Waterloo

London
Bridge

1

Thames

Isle
of Dogs

ELEPHANT
AND CASTLE

Bermondsey

42

Burgess
Park

56

Camberwell

50

Old Kent
Rd

Evelyn

Deptford

Greenwich

11

Greenwich
High Rd

29

Greenwich
Park

Shooters   Hill

Peckham
Rd

New Cross   Rd

84

rixton

Ruskin
Park

East
Dulwich
Rd

Evelina
Rd

Pekcham
Rye Park

64

Brockley

Lee   High   Rd   Eltham

Lewisham

Eltham   Hill

Brownhill   Rd

Westhorne   Sidcup

Brockwell
Park

Dulwich
Park

Dulwich Common

London
Rd

Stanstead   Rd

Bromley

treatham

atham
mmon

Crystal
Palace
Park

Crystal Palace

Westwood
Hill

Sydenham   Rd

Southend

Ln   Rd

Beckenham
Place Park

Sundridge
Park

Beckenham

0   2   4 km

0   1   2 miles

CAMDEN

Mornington
Crescent

Crowndale Road

Pancras Rd

York Way

Goods Way

SOMERS
TOWN

King's
Cross

St Pancras

King's Cross
St Pancras

Wharfdale Road

Pentonville Road

Euston

Euston
Square

REGENT'S
PARK

Regent's
Park

ST PANCRAS

University
College

TAVISTOCK
SQUARE

GORDON
SQUARE

Great
Portland
Street

Warren
Street

Russell Square

Coram's
Fields

Regent's
Park

FITZROY
SQUARE

MALLET
PLACE

RUSSELL
SQUARE

QUEEN
SQUARE

Devonshire

Goodge

BLOOMSBURY

British
Museum

BEDFORD
SQUARE

BLOOMSBURY
SQUARE

Oxford St.

Holborn

Marylebone Lane

CAVENDISH
SQUARE

East Castle

Tottenham
Court Road
Street

New Oxford St.

SOHO
SQUARE

Oxford Circus

OXFORD
CIRCUS

Bond Street

HANOVER
SQUARE

SOHO

Covent
Garden

Royal
Opera
House

GROSVENOR
SQUARE

GOLDEN
SQUARE

Shaftesbury

Leicester
Square

LEICESTER
SQUARE

COVENT
GARDEN

BERKELEY
SQUARE

Royal Academy
of Arts

Piccadilly
Circus

PICCADILLY
CIRCUS

Piccadilly

National Gallery

TRAFALGAR
SQUARE

Charing Cross

Green Park

ST JAMES'S
SQUARE

WATERLOO
PLACE

Carlton House

Hyde Park
Corner

Constitution

Green Park

Downing St.

St James's Park

Whitehall

Embankment

Thames

Buckingham
Palace

Palace
Gardens

Birdcage Walk

WESTMINSTER

St James's Park

PARLIAMENT
SQUARE

Westminster

WESTMINSTER
BRIDGE

BELGRAVE
SQUARE

Westminster Abbey

40 MALTBY STREET

❶

40 Maltby Street, Bermondsey, SE1 3PA
- Tél. 020 7237 9247
- www.40maltbystreet.com
- Ouverture le jeudi et le vendredi de 17 h 30 à 22 h, le samedi de 10 h à 17 h. Fermé en août
- Accès : métro/gare de London Bridge (10 minutes de marche). Bus 188, 47, 381, C10
- Prix modérés

> **Sous les arcades, le marché**

L e samedi matin, les gourmands londoniens se rassemblent à Maltby Street. Ici, au cœur de Bermondsey, des arcades sous une voie ferrée accueillent désormais des maraîchers artisanaux, ravis d'avoir fui le piège à touristes qu'est devenu le Borough Market. Leurs voûtes fraîches et humides sont idéales pour conserver fromage, charcuterie, bière et vin. Le samedi, les arcades font également office de boutiques qui débordent de denrées chères mais de qualité. La cuisine de rue y est l'une des meilleures de Londres : sandwiches au levain garnis aux poireaux, au cheddar et à l'ail chez Kappacasein, donuts à la crème anglaise à la boulangerie St John's, glace poire-bergamote servie à l'arrière du triporteur de La Grotta. On peut aussi s'asseoir au comptoir du 40 Maltby Street et goûter des vins sans produits chimiques en grignotant de la courge caramélisée aux pignons de pin et beurre de sauge ou une salade de chou-rave à la menthe alors que les trains rugissent au-dessus de la salle.

Raef Hodgson, jeune propriétaire de cette œnothèque discrète, achète la plupart de ses produits chez ses voisins et parents : son père dirige le Neal's Yard, la fromagerie la plus célèbre de Londres, et sa mère, le Monmouth Coffee. Harry Lester, associé de Hodgson et fondateur de l'Anchor and Hope, bistro gastronomique à Waterloo, gère l'importation des vins. La carte changeante propose des vins pauvres ou sans sulfites de petits producteurs italiens, français ou slovènes. L'addition est raisonnable et le personnel recommande des vins au verre en harmonie avec les plats. Le menu est différent à chaque visite.

Les plats sont modestes mais sympathiques, à l'instar du reste. Dans la minuscule cuisine ouverte, le chef David Cook cuisine de la fondue de poireaux doux au beurre, des sprats croustillants en croûte de fines herbes avec leur mayonnaise maison et du porc de huit heures à l'aïoli de coing. Nous avons assisté avec désarroi à la lente disparition des plats du tableau noir ; à l'heure de notre dessert, tous avaient été effacés. Seul le plateau de fromages fut une déception : ni biscuit ni chutney ni fruits secs pour agrémenter notre maigre portion.

Il y a toujours foule le samedi après-midi. Allez-y plutôt le jeudi ou le vendredi soir : le quartier est désert et le bar à vin agit comme un phare dans le brouillard. Mais sachez-le : la maison ne prend pas de réservations et le service se fait au bar sans système de file d'attente. Venez tôt et préparez-vous à jouer des coudes.

ACE CAFÉ

②

Ace Corner, North Circular Road, Stonebridge, NW10 7UD
- Tél. 020 8961 1000
- www.ace-cafe-london.com
- Ouverture du lundi au samedi de 7 h à 23 h (7 h à 2 h lorsqu'il se transforme en boîte de nuit), dimanche et jours fériés de 7 h à 22 h 30
- Accès : métro Stonebridge Park
- Prix modérés

"

Cœur de rockeur « **N**ous recevons beaucoup de motos, explique Mark Wilsmore. Les soirs d'été, on en compte jusqu'à 5 000. » Passionné de motos et de rock'n'roll, Wilsmore ne pouvait pas rêver mieux. Il dirige l'Ace Café, bar classique construit en 1938 au bord du périphérique nord flambant neuf. Précurseur glamour de l'aire d'autoroute, il proposait des pompes à essence, un service de lavage automatique à 5 shillings (une folie), des expositions de voitures et un restaurant investi par les équipes de foot après leurs matchs à Wembley. Les routiers faisaient le plein au café à côté.

Détruit pendant la guerre, l'Ace Café fut reconstruit en 1949. Ouvert 24 h/24, il attira bientôt les jeunes motards qui arpentaient l'autoroute à toute allure. À l'époque, pas de radars : les têtes brûlées enclenchaient le jukebox et faisaient la course pendant la chanson. Le rock'n'roll fut banni des ondes dans les années 1950, et les clients vinrent à l'Ace pour son jukebox (qui reflète désormais le goût du motard moderne pour le métal). « C'était la naissance de la culture jeune, explique Wilsmore. Mais on ne servait pas d'alcool à l'époque, seulement du thé et des sandwiches géants. »

L'Ace Café ferma en 1969. Tour à tour station-service, agence de paris et dépôts de pneus, le bâtiment resta intact. Lorsqu'en 1994, Wilsmore y organisa un rassemblement, 12 000 personnes firent le déplacement. Il monta un stand de burgers sur le site, acheta la propriété et finit par rouvrir le café en 1997.

Sur une portion d'autoroute embouteillée, en face d'une usine, le site est désormais tout sauf glamour. Le quartier empestait autrefois le vinaigre de l'usine Heinz à côté. Aujourd'hui, il a le parfum des biscuits de l'usine McVitie's. Mais routiers et motards nostalgiques continuent de se rassembler dans ce troquet vintage. Des rockeurs grisonnants en blouson de cuir viennent pour les reprises de Gene Vincent et Eddie Cochran. Un jour, la cour est envahie de gros barbus sur des Harley, le lendemain, de minets dans des Mini vintage.

« L'Ace possède une aura presque religieuse aux yeux d'une clientèle très variée, déclare Wilsmore. Même si les motos et la musique ont changé, son atmosphère est restée intacte. »

ALFIES ROOFTOP RESTAURANT

❸

Alfies Antique Market
13-25 Church Street, Marylebone NW8 8DT
- Tél. 020 7706 2969
- www.alfiesantiques.com/cafe.php
- Ouvert du mardi au samedi de 10 h à 18 h
- Accès : métro Marylebone ou Edgware Road
- Petits budgets (espèces ou chèque uniquement)

Une friteuse sur le toit

Rares sont les rues qui illustrent aussi vivement la diversité culturelle de Londres que Church Street. La fin d'Edgware Road est une zone indéterminée où des stands de marchands de fruits et légumes bon marché et des vendeurs de falafels cèdent la place à d'élégantes boutiques d'antiquaires, à mesure que l'on s'approche de Lisson Grove. Cloîtrées dans leurs burqas, des femmes arabes farfouillent dans des tas de tissus à paillettes ou des piles d'aubergines brillantes.

C'est au cœur de ce royaume frénétique du colportage et du marchandage que se trouve Alfies, un grand magasin reconverti en 1976 en un centre commercial réservé aux antiquités. Bennie Gray, son fondateur, a aussi monté son propre marché d'antiquités (*Gray's antiques market*) à l'intérieur d'une ancienne fabrique de toilettes du XIXe siècle, dans le quartier de Mayfair. Alfie était le prénom de son père, « un excellent musicien de jazz, précise-t-il, mais un piètre antiquaire, hélas ! ».

Si ces antiquités sont au-dessus de vos moyens, vous pouvez toutefois vous en tirer à bon compte dans le bistrot secret qui se trouve sur le toit. Bien qu'il ait été ripoliné pendant l'été 2011 (on a choisi la peinture en faisant voter les clients pour leur couleur préférée), cet endroit n'a rien de spécial, avec ses chaises en plastique et sa friteuse grésillante. Le juke-box Wurlitzer ne fait malheureusement que partie du décor. Quant au menu, il se résume aux plats suivants : petit déjeuner anglais complet, pommes de terre au four (*baked potatoes*), hamburgers et sandwiches. La nourriture n'est certes pas originale, mais Mark, le gérant, et son équipe sympathique vous servent d'énormes portions avec le sourire et à des prix fort honnêtes.

La véritable attraction de ce restaurant est sa vaste terrasse secrète, où l'on jouit d'une vue qui s'étend, par-delà les toits, de la BT Tower à l'est jusqu'aux immeubles de bureaux étincelants de Paddington Basin à l'ouest. L'après-midi, pour peu qu'il fasse beau, les habitants du quartier s'installent avec leur journal pour profiter du soleil et on y a même assisté à des mariages, avec des demoiselles d'honneur en costume d'époque, relookées gratuitement chez Nina, un salon de beauté au premier étage, spécialisé dans les maquillages rétro.

ARIADNE'S NEKTAR

④

274 Latimer Road, W10 6QU
- Tél. 020 8968 8212
- Officiellement ouvert tous les jours de midi à minuit, mais il est conseillé de téléphoner au préalable pour vérifier les horaires
- Accès : métro White City ou Latimer Road
- Prix modérés

> **Un endroit génial**

L a première chose qui fait comprendre que Ariadne's Nektar n'est pas un pub comme les autres est un drapeau grec flottant à l'extérieur. Ensuite, les deux motos garées à l'intérieur et, près des toilettes, la photographie du patron à poil chevauchant l'une d'elles le confirment : Ariadne's Nektar est vraiment le genre d'endroit où l'on peut voir arriver quelqu'un au comptoir déguisé en gorille (ça m'est arrivé un soir !). Un bar où vous pouvez engager une conversation avec des inconnus et finir la soirée en train de bécoter votre voisin.

L'excentrique à qui l'on doit cet endroit génial s'appelle Dimitris, le patron le plus irascible de Londres. Cet ancien avocat, qui aime montrer sa collection de perruques et de chapeaux, adore s'engager dans une discussion virulente, à condition, bien sûr, qu'il ait le dernier mot. S'il est de bonne humeur, Dimitris ira chercher des olives préparées maison et une bouteille de *tsipouro* (eau-de-vie grecque) dans sa réserve personnelle. Mais si vous avez le malheur de l'énerver, vous risquez de vous faire engueuler sérieusement. Tous ceux qui ont vécu quelque temps en Grèce savent que cette manière très particulière de vous traiter sans ménagement est en général réservée aux clients privilégiés.

Ariadne's Nektar, qui porte le nom de la très belle fille de Dimitris, est un pub de quartier au véritable sens du terme. Lumière tamisée et ameublement hétéroclite : une ambiance si chaleureuse qu'on a l'impression de débarquer dans la salle de séjour d'un particulier. La faune est en général composée de personnages plutôt bohèmes, sinon interlopes, qui habitent dans les parages, de jolies filles provenant de l'atelier de confection design voisin ou de musiciens qui viennent d'achever une séance d'enregistrement au studio *The Grove*, de l'autre côté de la rue. De temps à autre, on y assiste même à des concerts ou à des improvisations de jazz. Le reste du temps, la clientèle profite de la prodigieuse collection de CD de Dimitris.

Les légendaires soirées « quiz » du jeudi n'ont malheureusement plus lieu, mais l'été, vous pourrez vous installer à l'extérieur et déguster de généreux mojitos ou margaritas, dans la plus pure tradition méditerranéenne. Dimitris menace de plier boutique et de prendre sa retraite sur une île grecque : n'attendez pas pour faire l'expérience de sa singulière hospitalité tant qu'il est encore là. Mais attention : les heures d'ouverture de ce troquet sont aussi fantaisistes que son propriétaire.

ARCHITECTURAL ASSOCIATION DINING ROOM ❺

36 Bedford Square, Bloomsbury, WC1B 3ES
- Tél. 020 7887 4091
- www.aaschool.ac.uk
- Ouverture Dining Room : en semaine de 12 h 15 à 16 h 30, le samedi de 10 h à 16 h 30. Bar : en semaine de 9 h 15 à 17 h
- Accès : métro Tottenham Court Road ou Goodge Street
- Petits prix

Agréable et abordable

De tous les squares de Bloomsbury, celui de Bedford est sans doute le plus beau. La grandiose école d'architecture de l'Architectural Association, qui occupe tout le pan occidental du square, est quant à elle l'un des plus beaux campus de Londres. Fondée en 1847, l'AA inaugura son école en 1901 avant de s'installer ici en 1917.

Les facultés sont réparties dans dix demeures, mais le n° 36 est le visage de l'école. Les projets des étudiants sont présentés dans le bâtiment. Des travaux d'architecture, de décoration d'intérieur et de photographie sont exposés dans l'élégante entrée au rez-de-chaussée. Éclectiques, ils sont toujours fascinants : chaises de Gio Ponti, structures temporaires créées par des sans-abri américains, architecture conceptuelle de Londres.

Les expositions envahissent souvent le bar au premier étage. Avec ses bières à petits prix et sa vue sur Bedford Square, ce lieu est de ceux où l'on perd facilement un après-midi entier. Cachée à l'arrière, une terrasse permet de faire l'école buissonnière en toute impunité.

Ouverte au public, la cafétéria au sous-sol passe pourtant inaperçue, faute d'enseigne ou d'indication. La grande salle lumineuse a évidemment été bien pensée (par l'un des enseignants de l'AA) avec son sol noir, ses chaises en bois et ses grandes tables colorées. Le déjeuner, préparé par le chef Pascal Babeau, est disposé sur un comptoir en mosaïque. Le bar à salades donne le ton : pas de laitue flétrie ni de maïs visqueux, mais des nouilles asiatiques, de l'épinard, de la betterave, du pamplemousse ou simplement du *coleslaw*. Deux ou trois plats chauds sont proposés : quiche tomate, olives et mozzarella, gratin de champignons ou curry de bœuf et riz… Le rapport qualité-prix est imbattable : des bons petits plats servis en portions généreuses à des prix dérisoires dans un cadre élégant, qui dit mieux ? Venez tôt pour éviter toute déception : après 14 h 15 (et le samedi), le choix se limite à des sandwiches gourmets (essayez celui au jambon de Parme, parmesan, tomates séchées et salade) et des pizzas.

AUX ALENTOURS

BRADLEY'S SPANISH BAR
(42-44 Hanway Street, Fitzrovia, W1T 1UP ; Tél. 020 7636 0359 ; www.bradleysspanishbar.co.uk).
Parmi les bars espagnols de Hanway Street, Bradley est de loin le plus intéressant. Ce bar bondé et chaotique possède l'un des derniers juke-box à vinyles de la ville. La collection changeante de singles va des Supremes aux White Stripes.

L'ATELIER DES CHEFS   ❻

19 Wigmore Street, Marylebone W1U 1PH
• Tél. 020 7499 6580
• www.atelierdeschefs.co.uk
Ouvert du lundi au samedi de 10 h à 19 h. Horaires de cours variables :
consultez le site pour plus d'informations.
• Accès : métro Oxford Circus ou Bond Street
• Prix élevés

> *Faites-en*
> *tout un plat*

L'atelier des chefs est une école de cuisine qui offre une satisfaction immédiate : manger ce qu'on vient de préparer. Il y en a pour tous les goûts : on peut venir une demi-heure à l'heure du déjeuner, préparer des pâtes al dente en deux heures ou opter pour quatre heures de gastronomie indienne. J'ai choisi un cours du soir de 90 minutes au menu très bistronomique : velouté de champignons, rumsteck et son écrasée de pommes de terre à la truffe et chou crémeux, pudding au toffee et sa crème anglaise.

Nous sommes huit. À mes côtés, une Française sculpturale venue maîtriser l'art du pudding (« j'adooore la cuisine anglaise »), deux jeunes éditeurs de Bloomsbury (« nous publions la crème des chefs et pouvons goûter à toutes leurs recettes »), un apprenti cuisinier de Leeds et sa mère (« à l'école hôtelière, on ne prépare que des biscuits ») et un couple d'étudiants canadiens (qui avaient visiblement plus envie l'un de l'autre que d'apprendre à cuisiner).

Armés de tabliers en plastique, nous retroussons nos manches autour de la cuisinière immaculée de Louis Solley. Jeune chef vif et malicieux qui manie le couteau à la perfection, Louis est un formidable enseignant. Tout semble simple avec lui, et il met chacun à l'aise. « D'habitude, je suis enfermé dans une cuisine en sous-sol sans personne à qui parler ».

Nous commençons par le dessert, le plat le plus ardu de ce soir, en travaillant sucre et beurre à la main et non avec un robot, mais en évitant l'entorse du poignet en battant le mélange à tour de rôle jusqu'à obtenir une pommade dorée. Les tâches sont divisées pour gagner du temps, mais chacun met la main à la pâte.

Louis a préparé un bouillon de champignons pour la soupe. Il nous montre comment hacher les échalotes, bien qu'il soit cinq fois plus rapide que moi. J'apprends à faire une pâte onctueuse à base d'ail et de sel et découvre qu'il ne faut couper le persil qu'une fois, sous peine d'amertume. Les hommes se régalent en faisant griller les steaks dans une poêle fumante. On dresse la table alors que nous versons maladroitement un mélange chèvre-crème fraîche sur des croûtons chauds.

Le résultat est superbe. Louis nous confie que son cholestérol est à 8,5. Après trois plats où beurre et crème tiennent la vedette, pas difficile de deviner pourquoi. Mais chaque bouchée en valait largement la peine.

BARTS

❼

Chelsea Cloisters
Sloane Avenue, SW3 3DW
• Tél. 020 7581 3355
• www.barts-london.com
• Ouvert du lundi au jeudi de 18 h à 0 h 30, le vendredi et le samedi de
18 h à 1 h 30 et le dimanche de 18 h à 23 h
• Accès : métro South Kensington ou Sloane Square
• Prix modérés

***Comme
dans les films
de gangsters***

Le cœur ténébreux de Chelsea n'est pas
le genre d'endroit où l'on s'attendrait
à trouver un bar clandestin. Seule
l'architecture des années 1930 peut à la
rigueur vous faire deviner qu'un repaire secret s'y dissimule, comme au temps
de la Prohibition.

Passez le plus nonchalamment possible devant la réception. Sur votre
gauche, une petite porte noire avec un écriteau très discret conduit à un
vestibule dont les murs sont recouverts de papier peint où figurent Mickey
Mouse et une enseigne de publicité au néon pour les tatouages et le piercing.
Appuyez sur le bouton d'un interphone et une trappe s'ouvrira dans la porte,
comme dans les films de gangsters.

Bart s'inspire de l'Esquina à New York, un bar à tequila caché sous une
taquería. Étroits, voire étouffants, les locaux sont remplis de curiosités dignes
d'un bric-à-brac de l'ère victorienne : pendules à coucou, vieilles enseignes et
têtes d'animaux empaillées. Seule concession au quartier : une malle pleine de
perruques, de chapeaux et de boas de plumes, destinée peut-être à satisfaire
l'obsession des Sloane Rangers (BCBG) pour les déguisements.

Derrière le comptoir, une télévision mal réglée diffuse de vieux films de

Charlot en noir et blanc et des gars en bretelles ainsi que des filles bien sapées préparent des doses d'absinthe agrémentées d'un fruit macéré dans l'alcool.

Les cocktails maison, que l'on sirote au son d'une musique d'ambiance qui varie du swing des années 1930 aux tubes nauséeux des années 1980, ont des noms farfelus tels que « Absinthe Minded » (pour *absent-minded*, « distrait »), « Tallulah's Tipple » (jeu de mots dans le genre de « Nicole qui picole ») ou « Charleston Crumble » – cocktail à base de vodka à la rhubarbe et à la grenade.

La clientèle vient du monde entier, ce qui n'empêche pas un véritable esprit de communauté : les habitués se voient attribuer une carte d'accès personnelle et ils peuvent réserver en priorité les week-ends quand la petite salle est bondée.

L'arrière-cour est l'un des endroits les plus agréables et les plus sexy de Londres pour les fumeurs. Noter que la pancarte CLOTHING OPTIONAL BEYOND THIS POINT (« au-delà de cette limite les vêtements ne sont pas de rigueur ») ne doit évidemment pas être prise au sérieux, car il ne fait pas toujours très chaud dans la cour…

LE BEAUJOLAIS

8

25 Litchfield Street, Covent Garden, WC2H 9NJ
- Tél. 020 7836 2955
- Ouverture en semaine de 12 h à 23 h, le samedi de 17 h à 23 h
- Accès : métro Leicester Square ou Covent Garden
- Prix modérés

Le tout premier bar à vin français de Londres

Le nom de ce bar à vin est riche de promesses. L'entrée est tapissée d'affiches géantes pour différentes variétés de raisin : pas de doute, vous êtes bien dans le temple du gamay. Des étiquettes de vin décorent les abat-jour et des caisses de vin sont collées au bar. Étrangement, des centaines de chopes de bière pendent au plafond, aux côtés de dizaines de cravates ayant appartenu aux membres du restaurant privé d'à côté. « Ce lieu est évidemment plus vieux que moi », explique en souriant Pascal Perry, patron grisonnant installé derrière le bar depuis plus de trente ans. Selon lui, nous sommes dans le tout premier bar à vin français de Londres. Inauguré dans les années 1960 sous le nom de Winkles, il ne devint « vraiment français » que dans les années 1970, lorsque Joel, prédécesseur de Perry, reprit l'affaire. C'est à lui que l'on doit la tradition de confisquer les cravates desserrées après quelques verres.

« Ici, tout est français sauf deux choses : les clients et la musique », explique Perry, qui a un penchant pour le rock et le blues, heureusement diffusés à un volume raisonnable. Les produits dérivés d'Arsenal ne sont pas exactement français non plus, mais aucun doute sur l'origine des employés, dont l'accent est aussi riche que du camembert. Tous connaissent le nom des habitués (dont bon nombre de compatriotes expatriés).

Tout comme la déco chargée (des babioles françaises), la courte carte rustique est immuable. Au menu : pâté, rillettes, bœuf bourguignon, saucisses de Toulouse et un plateau de fromages à l'odeur réglementaire. La carte des vins exclusivement français propose toutes les appellations du Beaujolais. La plupart des prix sont raisonnables, mais attendez-vous à quelques surprises. Le lieu est invariablement bondé pour l'arrivée du beaujolais nouveau le troisième jeudi de novembre. Un déjeuner ludique (complet des mois à l'avance) est servi à cette occasion au restaurant. Pour devenir membre, faites-vous recommander ou passez des heures au bar.

Miracle, les touristes qui envahissent West End évitent ce lieu secret. Sombre, chaleureux, parfois bruyant et toujours accueillant, le Beaujolais réchauffe les cœurs lors des soirées d'hiver. À deux pas de l'Ivy, il ne pourrait être moins prétentieux.

AUX ALENTOURS

VISTA
(2 Spring Gardens, Trafalgar Square, SW1A 2TS ; www.thetrafalgar.com)
Refuge estival loin des hordes de West End, ce bar au dernier étage du Trafalgar Hotel offre un panorama incroyable, presque nez à nez avec la colonne de Nelson et le London Eye.

BEL CANTO

❾

1 Lancaster Gate, W2 3LG
- Tél. 020 7262 1678
- www.lebelcanto.com
- Ouvert du mardi au samedi de 19 h à 23 h
- Accès : métro Lancaster Gate ou Paddington
- Prix modérés

Un dîner en air d'opéra

Destiné à ceux qui pensent que l'opéra est élitiste ou hors de prix, Bel Canto vous assurera une soirée kitschissime, légèrement surréaliste, mais on ne peut plus distrayante. À condition, bien entendu, de ne rien prendre au sérieux.

N'arrivez pas trop tard : le restaurant ouvre ses portes à 19 h et l'apothéose a généralement lieu vers 21 h 30. Traversez d'abord prudemment le hall du Corus Hotel Hyde Park où une clientèle morose sirote une bière peu réjouissante en regardant un match de cricket à la télévision.

Au sous-sol, le décor est on ne peut plus kitsch : murs couleur bordeaux, lumière tamisée, mannequins sans tête en costumes décolletés. Un silence plein d'attente plane au-dessus de couples pomponnés qui examinent un menu fixe de plats français des plus classiques mais honnêtement préparés. Comme le personnel, les vins sont répartis en mezzos, barytons, sopranos et ténors.

Entre les plats, les serveurs se mettent à chanter les airs d'un répertoire qui va de Puccini à Verdi. Le procédé pourrait finir par agacer si les chanteurs n'étaient pas excellents. La plupart alternent des soirées occasionnelles dans ce restaurant avec des interprétations sur des scènes beaucoup plus prestigieuses. Ils se faufilent entre les tables, répondant gracieusement à des questions musicales ou culinaires tandis qu'ils servent un filet de bœuf ou une tarte aux pommes. Chaque soir est unique et les réactions de la clientèle sont aussi variées que le répertoire. Un pianiste de concert accompagne les interprètes tout au long de la soirée.

À l'arrivée du dessert, le spectacle atteint son paroxysme : les chanteurs portent un toast de *prosecco* à chaque table en chantant l'air de Brindisi de *La Traviata* à pleins poumons. Leur interprétation est si sincère qu'ils parviennent même à convaincre de solennels provinciaux britanniques ou des couples de timides Japonais à reprendre le refrain en chœur avec enthousiasme.

BERRY BROS & RUDD

10

3 St James's Street, SW1A 1EG
- Tél. 020 7396 9600
- Ouverture variable. Programme disponible sur www.bbr.com
- Boutique : en semaine de 10 h à 18 h, le samedi de 10 h à 17 h
- Accès : métro Green Park ou Piccadilly Circus
- Prix élevés

Une cave
qui a
de la bouteille

Berry Bros & Rudd, plus vieux caviste de Grande-Bretagne, propose des millésimes rares aux bons vivants depuis 1698. La boutique familiale n'a guère changé depuis l'époque de la veuve Bourne, qui ouvrit le Coffee Mill pour vendre épices, café et thé. Les balances d'époque pèsent des clients prestigieux (Lord Byron et Napoléon III notamment) depuis trois cents ans. Un passage secret reliait autrefois le labyrinthe de caves au palais St James pour faciliter les visites royales clandestines aux belles de nuit de la boutique. Les caves renferment 100 000 bouteilles, mais les meilleurs millésimes (qui valent la bagatelle de 650 millions de livres) sont en sécurité à Basingstoke.

Les caves servent désormais principalement aux dégustations et aux repas. Des événements en petit comité se tiennent dans une maison du XVIIe siècle à Pickering Place, voie privée géorgienne attenante à la boutique. Un déjeuner de quatre heures dans la grande salle, des tapisseries en soie et de l'acajou satiné… Certainement l'une des façons les plus décadentes d'occuper un lundi après-midi.

Chose étonnante, notre prise de contact tranquille avec les vins espagnols est loin d'être intimidante. Pas de Rioja en vue. Lance Jefferson et Francis Huicq sont des hôtes passionnés, éloquents et spirituels, qui répondent aux questions avec un intérêt non feint. Ils gardent même leur verve après sept verres de vin, probablement en raison du fait que, contrairement à nous, ils ne vident pas leurs verres…

Nous débutons par un Gramona Cava gouleyant, véritable soleil méditerranéen sur le brouillard londonien. Deux blancs contrastés de Galice, région côtière, accompagnent à merveille les sardines en croûte de basilic avec sauce aux *piquillos* et olives Gordal au chorizo. Les vins sont exceptionnels, mais les plats aussi : Stewart Turner, le chef, est un protégé de Michel Roux Jr. La panse de porc rôtie au *pata negra* et purée de pommes est vigoureuse, tout comme le Pesquera Reserva 2007 (« Rien à voir avec les piquettes espagnoles d'antan », commente Lance). On déguste un Torresilo 1996 de Ribero del Duero avec un trio de fromages espagnols, du *pan de higo* et des biscuits avoine-*membrillo*. Le parfait à la noix de macadamia, avec ses rouleaux au pruneau et sa gelée d'Earl Grey, surpasse presque l'East India Solera, doux xérès ambré.

THE BIG RED

⓫

30 Deptford Church Street, Deptford SE8 4RZ
• Tél. 020 3490 8346 • www.thebigredpizza.com
• Ouvert du mardi au vendredi de 17 h à 23 h, le samedi de midi à 23 h et
le dimanche de midi à 18 h
• Accès : gares de Deptford High Street ou de Deptford Bridge par la DLR
(Docklands Light Railway)
• Petits budgets

On « se croirait dans un décor de Blade Runner

« Le quartier de Deptford me rappelle celui de Shoreditch il y a dix ans : encore décrépit, mais sur le point de devenir branché », prétend Albert Vega, le timide patron de Big Red, un autobus à impériale garé le long de Deptford Creek, qui fait aussi office de pizzeria. Ce faubourg du Sud-Est londonien s'embourgeoise, mais lentement : nombre d'entrepôts de la zone des docks sont reconvertis en ateliers d'artistes et en galeries d'art plutôt qu'en appartements luxueux.

« Ce vieil autobus de Bristol est resté à l'abandon sur ce terrain vague pendant des années. J'ai eu longtemps l'espoir que quelqu'un en ferait quelque chose, mais comme il ne se passait rien, j'ai décidé de m'en occuper moi-même », nous dit le sculpteur John Cierach, qui possède ce site de plus de 2 000 mètres carrés. « Avec tous les artistes qui fréquentent les académies de Camberwell et de Goldsmiths, à deux pas d'ici, Deptford me semblait un endroit approprié à quelque chose de hors du commun. »

C'est ainsi que, pendant l'été de 2011, Cierach a créé sa « grande installation sculpturale ». Conçu en hommage à Roy Lichtenstein, le célèbre artiste du Pop Art, l'autobus à impériale traverse une étoile en acier de couleur vive. Un passage découpé dans la sculpture conduit à une terrasse coincée au-dessous de la voie ferrée de la Docklands Light Railway. Quand des trains sans chauffeurs déboulent au-dessus de votre tête, on se croirait dans un décor de *Blade Runner*, le film de Ridley Scott. Ouverte toute l'année, la terrasse qui donne sur un bras mort de la Tamise est très agréable en été. C'est même là que l'on cueille de la menthe fraîche pour faire les mojitos.

Outre la réalisation d'un bar en plein air, Cierach envisage de solliciter des étudiants et des galeries d'art du quartier à projeter des films, à diffuser de la musique et à exposer des œuvres d'art dans un camion aux vitres masquées, relégué au bout du terrain. Ce camion, conçu à l'origine comme un cinéma ambulant – *Lewisham Theatre truck* – pour projeter des films dans des cités défavorisées, devrait être transformé en un centre créatif pour la communauté, dont l'accès sera gratuit.

La principale attraction n'en reste pas moins le gros autobus rouge, équipé comme ceux qui circulent encore dans les rues de Londres, avec sa signalétique d'origine et ses célèbres sièges à damiers. On s'est contenté de rajouter des tables en formica et des lumières rouges pour ménager de confortables alcôves. Le menu, dont la liste est brève, comprend surtout de belles pizzas à des prix honnêtes, des salades et des desserts sans surprise comme le tiramisu.

BOBBY'S BAR

12

1 Upper St James Street, Soho, W1F 9DF
- Tél. 020 3145 1000
- www.bobbobricard.com
- Ouvert du mardi au samedi de 18 h à 0 h 30
- Accès : métro Oxford Circus ou Piccadilly Circus
- Prix élevés

> *Opulence souterraine*

Bob Bob Ricard possède une superbe salle remplie de compartiments aux fauteuils recouverts d'un cuir bleu cobalt qui contraste avec un papier peint Art déco. Conçu par David Collins, le décor fait penser aux somptueux restaurants des transatlantiques des années 1930, avec un rien de l'Orient-Express. On y trouve aussi un bar tout en marbre où l'on peut boire du gin tonic rose à la rhubarbe en compagnie de producteurs de film de Soho.

Si vous préférez la vodka, ne voir personne et ne pas être vu, descendez au bar caché du sous-sol. Vous aurez l'impression de vous retrouver dans un décor de *Mad Men*, la série télévisée américaine située à New York dans les années 1960, jusqu'au pianiste qui, presque tous les soirs, joue des airs de Frank Sinatra. On imagine aisément Don Draper en train de séduire sa dernière conquête dans l'un des grands compartiments recouverts de cuir rouge (on y est un rien à l'étroit, ce qui rend évidemment l'atmosphère d'autant plus intime). Dosés d'une manière experte, les cocktails sont essentiellement composés d'ingrédients anglais, à commencer par le *BBR Botanical* (Pimm's, gin Hendrick's, fleur de sureau et vin pétillant).

Des vodkas de première catégorie, toutes servies à -18°, sont personnellement sélectionnées par l'un des deux propriétaires, Bob, qui vient de Russie et s'appelle en réalité Leonid Shutov. « Bob » recommande notamment la vodka Kauffman, cuvée 2006, avec une pointe de miel. Si vous avez bu un cocktail de trop, résistez à l'envie de commander du caviar et des blinis. Des frites stylisées et de croustillants zakouskis à la garniture sophistiquée (figue, miel et mascarpone) feront l'affaire.

UNE SONNETTE POUR LE CHAMPAGNE

Dans la grande salle de restaurant, à l'étage, tous les compartiments sont pourvus d'un bouton pour commander du champagne. La marque de la maison est Pol Roger, le champagne préféré de Winston Churchill. Comme il le disait lui-même : « On le mérite quand on triomphe ; on en a besoin quand on essuie une défaite. »

BONNINGTON CAFÉ

(13)

11 Vauxhall Grove, Vauxhall SW8 1TD
- www.bonningtoncafe.co.uk
- Téléphone des cuisiniers sur le site Internet
- Ouverture : 12 h à 14 h, 18 h 30 à 22 h 30 tous les jours
- Accès : Vauxhall (métro ou gare)
- Petits prix

Anachronisme anarchiste

« **O**n ne vient pas ici pour la cuisine, mais pour boire et savourer l'ambiance », m'avertit mon ami en s'installant.

Tout comme Bonnington Square, condamné à la démolition après les bombardements pendant la guerre, le bâtiment fut investi par des squatteurs dans les années 1980. Le café faisait au début office de cuisine collective, faute de gaz, d'électricité ou d'eau dans les squats. Les habitants donnaient ce qu'ils pouvaient et les ingrédients étaient récupérés au marché voisin de New Covent Garden.

Trente ans plus tard, bon nombre des maisons (qui valent désormais plus d'un million de livres) ont été achetées ; les autres sont des logements associatifs à loyer modéré. « Les vieux hippies côtoient les bourgeois, mais tous viennent au café », explique Rachel Ortas, une illustratrice qui cuisine ici depuis quatorze ans.

Ce café associatif bohème n'a pas changé, avec ses murs violets, son collage de cartes au plafond et ses toiles cirées à fleurs. Les prix sont délibérément dérisoires.

Avec un cuisinier amateur différent chaque soir, le menu et la qualité sont aléatoires. Dix cuisiniers sont des habitués, d'autres sont sur liste d'attente. Tous viennent d'horizons différents : on mange malais, italien, voire médiéval. Mon ami me déconseille le menu végétalien : « À cause des linguini de courgette, je ne suis pas venu pendant un an. »

Ce soir, nous avons le choix entre deux entrées et deux plats. J'opte pour la « soupe de palourdes chaleureuse » (mais tiède) et le gratin dauphinois (une masse visqueuse de pommes de terre trop cuites à la sauce tomate). Mon ami peine à terminer son « assiette espagnole », un burger végétarien sec servi avec riz et haricots, dont je cherche toujours les origines ibériques. Sa tarte au chocolat visqueuse aussi « ressemblait à tout sauf à du chocolat ».

Le service est parfois chaotique. « Si un cuisinier oublie de venir, nous sommes fermés », proclame le café, qui ne s'embarrasse pas de serviettes. Enfin, ne vous contentez pas d'apporter votre vin : apportez aussi votre sel.

Ne ratez pas cette incroyable et authentique relique d'idéalisme à l'atmosphère délicieuse.

BOOKS FOR COOKS

(14)

4 Blenheim Crescent, Notting Hill, W11 1NN
- Tél. 020 7221 1992
- www.booksforcooks.com
- Ouvert du mardi au samedi de 10 h à 18 h (petit déjeuner : 10 h à 12 h, déjeuner : 12 h à 14 h). Fermé les trois dernières semaines d'août et dix jours à Noël
- Accès : métro Ladbroke Grove ou Notting Hill Gate
- Petits prix

> **Goûtez avant d'acheter**

Les arômes qui s'échappent de la cuisine à l'arrière de cette librairie mettent encore plus en appétit que ses rayons entiers de livres de cuisine.

En cuisine, les infatigables Éric, Clara et Marylou proposent l'un des meilleurs rapports qualité-prix de Londres. Le menu de deux ou trois plats (5 £ ou 7 £) change souvent et le plat du jour (partagé sur Twitter tous les matins) dépend des produits frais du marché de Portobello, des épiceries marocaines et portugaises de Golborne Road et du magasin d'épices de l'autre côté de la rue. La viande bio provient de la ferme de Sheepdrove.

Au menu, une soupe lentilles-safran, un roulé de porc à la polenta et sauge ou une tarte Tatin poire-gingembre. Les amateurs de sucreries viennent pour leur dose quotidienne de gâteau tout chaud. Orange-meringue, chocolat-Guinness, double gingembre, cannelle-crème : tous ont leurs fanatiques.

Cette véritable institution de Notting Hill est désormais une sorte de club privé pour gourmets. Heidi Lascelles, alors infirmière, fonda Books for Cooks en 1983. « À l'époque, la cuisine anglaise faisait rire le monde entier », admet le site Internet du café. Annie Bell et Clarissa Dickson Wright, ses premiers chefs, changèrent la donne.

Quelques rares touristes s'aventurent ici le vendredi et le samedi, lorsque le marché de Portobello bat son plein. « Certains pensent que nous sommes la librairie de *Coup de foudre à Notting Hill* », soupire Rosie Hogg, la responsable. L'histoire des actuels propriétaires est pourtant digne d'une comédie romantique. En 1992, Rosie Kindersley entra dans la boutique en tant que cliente et en ressortit en tant que salariée. Lorsque le chef Éric Treuillé vint flâner dans Books for Cooks un an plus tard, ce fut le coup de foudre. Le couple reprit l'affaire en 2001.

Démonstrations et dégustations se tiennent à l'étage, accompagnées de vins du vignoble biodynamique que possède Éric en France. Des dîners occasionnels sont organisés depuis 2011.

Seul inconvénient du café, les stocks s'épuisent vite : venez tôt sous peine de ne pas profiter des meilleurs plats. Enfin, la petite salle bondée ne se prête pas à un déjeuner tranquille, mais c'est un faible prix à payer pour un tel rapport qualité-prix.

THE BOOT & FLOGGER

⓯

10-20 Redcross Way, Borough, SE1 1TA
- Tél. 020 7407 1184
- Ouverture du lundi au mercredi de 12 h à 20 h, jeudi et vendredi de 12 h à 22 h
- Accès : métro Borough ou London Bridge
- Prix modérés

> *L'ambiance douillette des clubs de gentlemen*

Le Boot & Flogger n'est pas un club SM mais un bar à vins. Son nom étrange désigne une vieille méthode d'embouteillage du vin : on plaçait la bouteille dans une botte (« *boot* ») avant d'insérer le bouchon en le « flagellant » (« *flog* ») avec un maillet.

Avec ses murs en lambris et ses fauteuils en cuir, le Boot and Flogger rappelle l'ambiance douillette des clubs de gentlemen. Les salles sont décorées de cadres d'époque, de boîtes à chapeaux et de vieux millésimes poussiéreux. La déco a beau évoquer Dickens, elle ne remonte qu'à 1973. Situé dans un ancien fumoir, ce bar fut fondé par les Davy, dynastie de cavistes et d'aubergistes depuis 1870. Bien des clients sont fidèles depuis l'ouverture.

« Pas de jeunes en vue, la canne est de rigueur », approuve mon ami. La plupart des clients arborent aussi des sourcils broussailleux et les signes indubitables d'une vie passée à aimer le vin. Les vins, à prix raisonnables, sont servis au verre, d'une contenance de 175 ml. Les tonneaux derrière le bar sont là pour la déco, mais le champagne est servi dans des chopes en argent qui le

gardent frais plus longtemps. La liste de vins spéciaux laisse rêveur, avec une sélection alléchante de porto, madère et xérès.

Les clients épongent leur vin avec de généreuses assiettes de fruits de mer, gibier et jambon fumé servies avec verve par les serveuses maternelles. Le porto coule à nouveau à flots avec un généreux plateau de fromage ou du pudding de Bramdean, riche mélange de biscuits émiettés, raisins secs, crème et crème anglaise, noyé dans du xérès.

Malgré l'interdiction de fumer, le restaurant vend des cigares. Les fumeurs se retirent dans la cour, dont les écuries remontent au temps où le bâtiment était une caserne de pompiers (à l'époque des hippomobiles). À l'intérieur, une affiche témoigne elle aussi d'une époque révolue : « Fiacres et chevaux frais dans les plus brefs délais ».

Les horaires du Boot and Flogger sont étranges : fermé le week-end, il est ouvert jusqu'à 20 h… ou 22 h le jeudi et le vendredi. Une fois la soirée finie, saluez le cimetière de Cross Bones juste en face. Ce terrain vague renferme les corps de plus de 15 000 indigents et prostituées, plus connues sous le nom d'« oies de Winchester », « pains au beurre » ou « nonnes à frapper ». Les grilles du cimetière sont couvertes de rubans colorés ; une veillée est organisée pour les parias le 23 du mois à 19 h.

BUNKER BAR

The Old Vic Tunnels, Station Approach Road, Waterloo, SE1 8SW
- Tél. 020 7993 7420
- www.oldvictunnels.com
- Ouverture uniquement les soirs de spectacle. Consultez le site pour connaître le programme
- Accès : métro/gare de Waterloo, métro Lambeth North ou Southwark
- Petits prix

Tunnels en technicolor

Les ruelles mal éclairées autour de la gare de Waterloo ne sont pas particulièrement agréables une fois la nuit tombée. Seuls des drogués, des sans-abri et des pickpockets fréquentent le quartier en temps normal. On y rencontre pourtant parfois des bandes de jeunes tendance qui déambulent dans Station Approach Road. Suivez-les pour voir l'obscurité se transformer en un tunnel de graffitis en technicolor.

En 2008, Banksy a embauché les meilleurs graffeurs du monde pour transformer une arcade désaffectée de Leake Street en œuvre d'art. Kevin Spacey et Hamish Jenkinson, son bras droit, sont venus de l'Old Vic pour regarder ces artistes à la tâche. En cherchant des toilettes, Jenkinson est tombé sur un labyrinthe de tunnels de chemins de fer abandonnés. Malgré les détritus et les décombres, il a vu en eux des espaces artistiques souterrains prometteurs.

Les Old Vic Tunnels ont ouvert en février 2010 pour la première de *Exit Through The Gift Shop*, film réalisé par Banksy. La Screening Room, avec ses sièges de cinéma Art déco, fait désormais office de plate-forme (gérée

bénévolement) pour les jeunes compositeurs, artistes et humoristes. Les autres tunnels en brique, froids, humides et lugubres, accueillent d'innombrables productions, représentations et installations *underground*. Un concert des New York Dolls peut céder la place à un restaurant éphémère géré par une équipe européenne de chefs étoilés. Le Secret Cinema a transformé les arcades en souk algérien. Avec un photographe, un graffeur, un réalisateur et un DJ résidents, la visite des arcades réserve toujours des surprises.

Quelle que soit la qualité des représentations, le bar ne vous décevra pas. Le Bunker (clin d'œil à son statut pendant le blitz) ressemble à un film de Tim Burton. Le comptoir est une mosaïque de portes, armoires et volets cassés. Les meubles (miroirs de travers, canapés d'occasion) sont un véritable bric-à-brac. Des vitrines contiennent des choses mortes et les enfers derrière le bar semblent abriter une porte. Des filles punks dansent sur les tables bancales ou font des ombres chinoises dans des alcôves. Les boissons sont basiques mais agréablement abordables. L'entrée aux soirées est elle aussi dérisoire. Si un établissement peut chasser l'idée que le théâtre est réservé aux retraités blancs aisés, c'est bien celui-ci.

LES *CAB SHELTERS*

17

- Emplacements : Chelsea Embankment (près d'Albert Bridge) SW3 ; Embankment Place, Charing Cross WC2 ; Grosvenor Gardens, Victoria SW1 ; Hanover Square, Mayfair W1 ; Kensington Park Road, Notting Hill W11 ; Kensington Road (côté nord), South Kensington W8 ; Pont Street, Belgravia SW1 ; Russell Square (angle ouest), Bloomsbury WC1 ; St George>s Square, Pimlico ; Temple Place, Victoria Embankment WC2 ; Thurloe Place, South Kensington SW7 ; Clifton Gardens, Maida Vale W9 ; Wellington Place, St John>s Wood NW8
- Petits prix

*Manger
un morceau
avec les taxis*

Les taxis noirs londoniens ont pour ancêtres les fiacres, autorisés par un décret d'Oliver Cromwell en juin 1654. Leur toit était très haut afin que leurs illustres clients n'aient pas à retirer leur haut-de-forme. Les passagers n'étaient pourtant pas tous de bonne famille : en 1694, des clientes se comportèrent de façon si inconvenante près de Hyde Park que celui-ci fut interdit aux fiacres pendant deux cent trente ans. Tous les chauffeurs de taxi de Londres doivent posséder le « Savoir ». Cet examen, créé en 1865, leur demande de connaître toutes les rues dans un rayon de 10 km autour de Charing Cross (centre officiel de Londres). Plusieurs années peuvent être nécessaires pour accomplir cet exploit et seule la moitié des aspirants chauffeurs y parvient. L'examen consiste à décrire avec une extrême précision un trajet entre deux points choisis au hasard par le jury.

Les chauffeurs de taxi n'étaient autrefois pas autorisés à délaisser leur véhicule à l'arrêt : en 1874, le comte de Shaftsbury créa le Fonds de soutien aux chauffeurs de taxi afin de leur construire des abris où l'on trouverait de « bons rafraîchissements sains à prix modérés ». D'innombrables abris verts virent le jour dans toute la capitale. Construits sur la voie publique, ils ne pouvaient dépasser la taille d'un attelage… ce qui ne les empêchait pas d'abriter une cuisine et jusqu'à 10 personnes. Les philanthropes qui construisirent les abris étaient des Victoriens à l'âme noble : le jeu, la boisson, les jurons et la politique étaient prohibés. S'ils nourrissaient les chauffeurs de taxi, les abris avaient surtout pour vocation de les éloigner des pubs.

Sur les 61 abris d'origine, seuls 13 ont survécu. Les quelques abris survivants, souvent dans les beaux quartiers, sont désormais classés et heureusement, toujours bien vivants. Seuls les chauffeurs de taxi peuvent s'asseoir à l'intérieur, mais tout le monde peut acheter des plats à emporter au comptoir (« un friand avec de la sauce brune, un thé et trois sucres, merci »). Au menu, de la petite restauration comme des friands et des sandwiches jambon-fromage ; certains abris proposent même un petit déjeuner complet. Les prix sont dérisoires, mais amateurs de sucre, prenez garde : « majoration de 5 pence à partir de 4 sucres dans votre thé ou café ».

CAFÉ DIANA

5 Wellington Terrace, Bayswater Road, Notting Hill, W2 4LW
- Tél. 020 7792 9606
- Ouverture tous les jours de 8 h à 23 h
- Accès : métro Notting Hill
- Prix modérés (liquide uniquement)

Un café royal

Elle s'asseyait toujours à la même table, celle où vous êtes en ce moment. » Je suis sûre que Fouad Fatah raconte la même chose à tous ses clients. Contrairement à moi, la plupart des gens adorent la princesse Diana, ancienne voisine qui donna son nom au lieu. En attendant que la princesse sorte du palais de Kensington, les paparazzis venaient prendre thé et tartines dans ce petit café en face des ambassades ostentatoires et des manoirs oligarchiques le long des jardins du palais. Diana elle-même y venait parfois.

Abdul Doaud, le patron de Fatah, ouvrit ce café en 1989. « Nous avons trouvé ce nom et cinq jours plus tard, la princesse est venue prendre un café. Elle a apporté un premier autographe et nous avons continué sur cette lancée ». Les murs sont désormais recouverts de portraits de la « princesse du peuple » : Diana et la mode des années 1980, Diana et ses coiffures, Diana faisant son jogging, faisant du rafting, souriant timidement, signant un autographe avec le personnel du café. Trois lettres encadrées remercient Abdul pour ses bouquets d'anniversaire. Patrick Jephson, secrétaire privé de la princesse, appréciait un style ampoulé : « Bien qu'ils témoignent du passage inexorable du temps, ils n'en ont pas moins été appréciés ». La dernière lettre, rédigée par Diana en personne (« Je suis très touchée de votre geste ») date du 1er juillet 1997, un mois avant sa mort.

Diana venait souvent avec William et Harry pour le petit déjeuner. « Elle était trop normale, une mère comme les autres. Elle disait bonjour à tout le monde, se mettait à notre niveau, ajoute Fatah. Et elle insistait toujours pour payer. » Le café facture à prix d'or des plats très populaires : œufs brouillés, kebabs, paninis et frites. Je doute que la princesse ait jamais goûté aux « plats de Diana » comme l'escalope panée. « Elle faisait attention à sa ligne, mais adorait le cappuccino et mangeait même parfois un croissant », confie Fatah.

Les fanatiques du monde entier viennent ici rendre hommage à Diana. « Ils sont trop nombreux, cela n'arrête pas ! Je pense qu'ils ne l'oublieront jamais ». Le prince Harry aurait récemment pressé son visage contre la fenêtre en regardant les photos avec mélancolie. Maintenant que le prince William s'est installé dans les appartements de sa mère au palais de Kensington, Kate et lui deviendront-ils des habitués ? « Oh oui, nous attendons leur visite d'un jour à l'autre. »

SPECIAL
FOOD
+
DRINKS
SERVED ALL DAY
DESSE
Carrot Cake
Hot Chocolate
Ice-Cream
CAKE
Nikon
CHILLI OIL

CAMERA CAFÉ

44 Museum Street, Bloomsbury WC1A 1LY
- Tél. 07887 930826
- www.cameracafe.co.uk
- Ouvert du lundi au vendredi de 11 h à 19 h, le samedi de 12 h à 19 h
- Accès : métro Tottenham Court Road ou Holborn
- Prix modérés

Un charme étrange et apaisant

Les petites rues autour du British Museum ne sont pas simplement bondées de touristes. Les photographes professionnels arpentent eux aussi le quartier, en quête de matériel de qualité. Derrière les Leica, Nikon et Hasselblad d'occasion d'Aperture se niche ce café minuscule géré par Adrian Tang, amateur de photo et de piments.

Son café décalé multiplie les péripéties depuis son ouverture en 1999. D'abord baptisé Tang, il devint The Museum Café, « mais les touristes venaient sans cesse nous demander où se trouvait l'entrée du musée ». Tang s'essaya aux soirées poésie avant d'ouvrir une boutique de photo pour doper ses affaires. Parmi les habitués, certains sont des amoureux de photo, d'autres viennent pour l'excellente collection classique-jazz de Tang, tapotant en rythme derrière leur ordinateur portable connecté au wifi gratuit (le café loue aussi quelques ordinateurs). Malgré l'espace restreint (une poignée de tables dans la lumineuse salle du fond ou au sous-sol), on peut rester des heures sans problème.

Hormis des sandwiches prévisibles, Adrian sert de délicieux chow mein aux légumes, au poulet ou aux crevettes (mais plutôt chers et étrangement garnis de laitue fripée) accompagnés d'une huile pimentée maison. Côté boissons : jus frais, cafés et infusions recherchés, dont du thé de riz complet (un goût… unique). Quelques vieux magazines et jeux de société complètent la mise en scène, curieusement dénuée de livres de photo. Seules des reproductions banales de Marilyn Monroe et Mick Jagger décorent les murs, aux côtés d'affiches disparates, de dessins et de paniers en bambou. Les meubles ont connu des jours meilleurs et le café est plutôt miteux, mais il s'en dégage un charme étrange et apaisant. La guitare électrique derrière le bar est un cadeau d'un client. « Je ne joue que si le café est vide, explique Tang. Sinon, je ferais fuir les clients. »

AUX ALENTOURS

LONDON REVIEW CAKE SHOP

(14 Bury Place, Bloomsbury WC1A 2JL. Tél. 0207 269 9030 www.lrbshop.co.uk/cakeshop Ouvert du lundi au samedi de 10 h à 18 h 30) Flânez dans la section Histoire de cette librairie magique : vous y trouverez un café raffiné qui sert le savoureux café Monmouth, du thé Jing et Mariage Frères et d'irrésistibles douceurs (le gâteau aux myrtilles est divin). Les plats (ragoût de patate douce et feta, soupe de céleri au pesto de thym) sont tout aussi succulents. La plupart des clients dévorent en silence les livres et magazines éparpillés sur les tables.

CENTRE POINT SUSHI CAFÉ

20

20-21 St Giles High Street, WC2H 8LH
- Tél. 0207 240 6147
- www.cpfs.co.uk
- Ouvert du lundi au vendredi de midi à 15 h et de 18 h à 23 h
- Accès : métro Tottenham Court Road
- Prix modérés

> **Un excellent sushi bar au-dessus d'un supermarché**

On ne peut être que perversement séduit par l'existence d'un restaurant qui refuse de faire sa propre publicité et qui traite les critiques culinaires avec mépris. Tel est le Centre Point Sushi Café, également connu sous le nom de Hana Sushi. Cette modeste gargote se trouve au cœur d'une enclave coréenne, juste derrière Centre Point, le premier gratte-ciel construit à Londres et sans doute un des points de repère les plus disgracieux de la ville.

En face des fabuleuses cantines coréennes qui se succèdent le long de St Giles High Street, où de petits étudiants à la mode engloutissent d'énormes bols de *bibimbap*, se trouve le Centre Point Food Store. Ce supermarché coréen et japonais est parvenu à réunir le personnel le plus désagréable que l'on rencontre à Londres, mais passez outre et montez sans attendre au premier étage où se trouve le boui-boui en question. Avec ses alcôves recouvertes de similicuir et son comptoir à sushi tout rayé, la salle de restaurant dégage paradoxalement une atmosphère authentique et détendue. On jurerait que cet endroit existe depuis les années 1970, si l'on ne nous avait pas dit qu'il a ouvert ses portes en 2005 (même s'il est difficile d'en savoir plus, les serveurs ne parlant pratiquement pas anglais et faisant oui de la tête avec enthousiasme, quoi qu'on leur demande).

Rien de plus traditionnel que le menu : ni fantaisie superflue, ni « fusion », mais la nourriture japonaise la plus classique à des prix très honnêtes. Quand j'y dîne seule, j'aime m'asseoir au comptoir et déguster un assortiment de makis et de sashimis, roulés et tranchés de manière experte par un cuistot japonais laconique. Les anguilles *nigiri*, les coquilles Saint-Jacques et les crabes à carapace molle sont particulièrement réussis. Un ou deux plats du jour sont griffonnés au marqueur sur un tableau. Les boîtes à *bento*, elles, sont généralement accompagnées d'une soupe *miso*, de cornichons et de fruits frais. Si vous n'êtes pas seul, essayez de retenir une alcôve près d'une fenêtre donnant sur le Centre Point : le gratte-ciel a l'air beaucoup moins sordide dès qu'il fait nuit, quand toutes ses lumières sont allumées.

Enfin, si vous vous sentez prêt à affronter la mauvaise humeur du personnel au supermarché du rez-de-chaussée, offrez-vous quand même des algues rouges (*nori*), des biscuits au riz et des oursons gluants avant de quitter l'immeuble. Ce serait dommage de rater ça.

CENTRO GALEGO DE LONDRES

㉑

869 Harrow Road, Willesden NW10 5NG
- www.centrogalegodelondres.com
- Tél. 020 8964 4873
- Accès : métro ou gare ferroviaire de Willesden Junction
- Ouvert du lundi au jeudi de midi à 22 h, le vendredi et le samedi de midi à 23 h 30, et le dimanche de midi à 21 h 30
- Concerts de musique live les vendredi et samedi soirs
- Petits budgets

" Excellentes tapas à des prix dérisoires

Entre Edgware Road et Willesden, Harrow Road est l'une de ces mornes étendues de *no man's land* où les Londoniens ne s'attardent guère au volant de leur voiture. On y trouve pourtant de rares filons de talent culinaire parmi les boutiques « tout à une livre » (sterling) et les marchands de poulet frit (*fried chicken*). À un endroit particulièrement désolé, là où Harrow Road se resserre dans Harlesden, des expatriés originaires de Galice se réunissent au sein d'une association amicale pour se manger d'énormes portions de nourriture 100 % espagnole.

Si l'extérieur ne paie pas de mine, il faut s'installer sur un tabouret au bar à tapas pour succomber à la chaleur typiquement méditerranéenne de cette *bodega* en exil, devant un bon verre de Rias Baixas et une corbeille pleine de petits pains à beurrer. À travers le hublot de la cuisine, on aperçoit les cuisiniers qui tranchent de moelleuses pommes de terre à la vapeur pour une tortilla délicieusement fondante : un régal souvent offert en guise d'amuse-gueule avec votre premier verre de vin.

Au sous-sol se trouvent deux salles plus spacieuses qui semblent sortir tout droit de la banlieue espagnole des années 1980 (éventails en papier et tout un bric-à-brac d'objets d'art populaire et de trophées gagnés par le club de football du quartier, Deportivo Galicia, fondé en 1968, la même année que le Centro Galego).

Le meilleur moment pour visiter les lieux est à l'occasion d'un match de foot auquel participe une équipe espagnole. Le Centro Galego est alors bondé : familles entières arborant le maillot de l'équipe en question, fanatiques spéculant sur la tactique à adopter entre deux bouchées de blanquette de lotte, supporters surexcités sirotant leur bouteille de bière Estrella. À chaque but marqué, la communauté entre en éruption, et si les Espagnols gagnent la partie, vous aurez droit à la traditionnelle accolade, avant qu'on ne vous invite à danser avec les vainqueurs.

CORAM CAFÉ

22

The Foundling Museum
40 Brunswick Square, Bloomsbury WC1N 1AZ
- Tél. 020 7841 3609
- www.foundlingmuseum.org.uk/visit-us/cafe/
- Ouvert du mardi au samedi de 10 h à 16 h 45 et le dimanche de 11 h à 16 h 45 (déjeuner servi jusqu'à 15 h). Fermé le lundi
- Accès : métro Russell Square
- Petits budgets

> **Enfants, douceurs et musique classique**

Au cœur du quartier de Bloomsbury, Coram Fields est un parc de trois hectares et demi (avec une ferme miniature) où l'on trouve un assez beau café autrichien : Kipferl café (ouvert de mars à novembre de 10 h à 17 h, www.kipferl.co.uk). Le seul problème, c'est que les adultes ne peuvent y déguster ses délicieuses pâtisseries viennoises que s'ils sont accompagnés d'un enfant. Coram Fields est d'ailleurs le seul parc de Londres où les adultes non accompagnés d'un enfant de moins de 16 ans n'ont pas le droit d'entrer. (En guise de consolation pour ceux qui sont dépourvus de progéniture, Kipferl dispose également d'un kiosque à hot-dogs dans Gordon Square, toujours à Bloomsbury, où l'on sert d'authentiques saucisses allemandes recouvertes de moutarde.)

Premier terrain de jeu public londonien, Coram Fields a été créé en 1936 sur l'ancien emplacement du Foundling Hospital, un hospice pour les enfants abandonnés, orphelins ou indigents, fondé par Thomas Coram en 1739. On sera saisi par le contraste entre les rires des joyeux bambins qu'on y voit s'amuser aujourd'hui et les tristes récits des quelque 25 000 enfants en bas âge qui furent jadis confiés aux bons soins de l'assistance publique, et dont on a exposé divers témoignages au Foundling Museum, discrètement situé derrière le parc (voir chez le même éditeur le guide *Londres insolite et secrète*).

En dépit des chaises chromées recouvertes de cuir rouge, la salle du Coram Café, dont les baies vitrées donnent sur les frondaisons de Brunswick Square, ressemble à un réfectoire d'école. Même le menu, où figurent quelques suggestions réconfortantes, semble avoir été conçu pour plaire à des adolescents affamés (ou à des parents épuisés en manque de sucre). On y trouve davantage de gâteaux qu'à un goûter d'enfants, ainsi que de bonnes soupes, des tourtes (*pies*) et des sandwiches. Après un long temps d'attente, le sandwich grillé au cheddar, à la tomate et au *chutney* (sauce aigre-douce) que j'avais commandé m'a été servi à moitié carbonisé – et sans excuses – mais il était curieusement très bon. Quant aux scones à la crème fraîche et à la confiture de fraise, ils étaient juste à point, ni trop friables, ni trop durs.

Avant de quitter les lieux, ne manquez pas une sculpture en bronze de Tracey Emin, accrochée à la grille, à l'extérieur du musée : une émouvante petite mitaine, autre clin d'œil à la mémoire des très jeunes enfants qui furent pris en charge par cette institution.

COURTHOUSE HOTEL BAR

23

Courthouse Doubletree Hotel
19-21 Great Marlborough Street, Soho W1F 7HL
• Tél. 020 7297 5555
• www.courthouse-hotel.com
• Ouvert du lundi au samedi de 11 h à 13 h 30 et le dimanche de 11 h à 23 h
• Accès : métro Oxford Circus
• Prix modérés

> *Des anciennes cellules de prison*

« Ce que je crains le plus, c'est de finir en taule », nous confie Carly Lipman, chargé de créer des événements au Courthouse Hotel de Soho. Mr Lipman fait preuve d'un tel professionnalisme qu'à peine franchi le seuil, nous nous retrouvons serrés dans une minuscule cellule de prison aux murs recouverts de carreaux blancs, avec un urinoir dans un coin et une lourde porte en acier. Un endroit où je n'aimerais pas non plus être enfermée : cette pièce exiguë est presque aussi charmante que des toilettes publiques. C'est l'une des trois cellules de détention que l'on a réaménagées en alcôves privées lors de la reconversion du tribunal de police de Great Marlborough Street en un hôtel Doubletree Hilton en 2005.

Chaque cellule peut accueillir six personnes, mais on n'en verrouille plus la porte aujourd'hui : « Autrefois, il n'y avait pas moyen de contrôler certains buveurs quand les portes étaient fermées », nous explique Carly alors que nous passons en revue la liste des cocktails à thème criminel (*Behind Bars*, « derrière les barreaux », *Thieving Daiquiri*, « daiquiri voleur », *Inmates Bramble*, « la mûre du détenu »), servis avec des rouleaux de printemps et des assiettes de fruits de mer, sensiblement meilleurs que la tambouille ordinaire des maisons d'arrêt. On n'a pourtant pas fait grand-chose pour embellir l'intérieur : le confort se limite à quelques coussins en plastique sur une couchette de la taille d'un cercueil, un guéridon de verre et deux tabourets courts sur pattes, enveloppés d'une étoffe de jean qui a l'air d'avoir été découpée dans l'entrejambe d'un des touristes américains obèses qui remplissent l'hôtel.

Le décor peut paraître sinistre, mais l'histoire de ces cellules est pour le moins pittoresque. Mick Jagger, Johnny Rotten, Francis Bacon et Bob Marley y ont tous passé une nuit après s'être fait pincer pour consommation de stupéfiants. Un des pires contrevenants fut Keith Richards : en 1973, on le condamna à 205 £ d'amende pour détention de marijuana, d'héroïne, de barbituriques, d'un revolver sans permis de port d'arme et d'un fusil de chasse de collection.

COURT RESTAURANT

24

British Museum, Great Russell Street, Bloomsbury WC1B 3DG
- Tél. 020 7323 8990
- www.britishmuseum.org/visiting/eat/court_restaurant.aspx
- Ouvert tous les jours pour déjeuner de midi à 15 h, et pour le thé de 15 h à 17 h 30. Dîner le vendredi seulement de 17 h 30 à 20 h
- Accès : métro Holborn, Russell Square ou Goodge Street
- Prix modérés

> *Le restaurant caché du British Museum*

L a Grande Cour (The Great Court) de Norman Foster a transformé les bâtiments moisis et surannés du British Museum en une icône de la modernité. Le projet originel de Robert Smirke prévoyait d'aménager un jardin botanique exotique dans la cour du musée. Mais lorsque, en 1857, on installa la salle de lecture circulaire (inspirée par le Panthéon de Rome et fréquentée, entre autres, par Karl Marx), la cour fut fermée au public. L'ingénieuse reconversion de Norman Foster permit de recouvrir cet espace mort d'une coupole en verre et en acier, un puzzle constitué de 3 312 vitres triangulaires, toutes différentes les unes des autres. La lumière tamisée diffuse des lueurs vaporeuses sur cette vaste cour dont la superficie fait un hectare : le plus grand espace couvert d'Europe.

Enroulés autour de la salle de lecture, deux escaliers en pierre blanche semblent monter jusqu'au ciel. En fait, ils conduisent au Court Restaurant, une salle circulaire cachée derrière la coupole. Au-dessus des cafés et des boutiques archibondés du rez-de-chaussée, ce restaurant sobre et élégant – décor gris anthracite et brun chocolat, serviettes et nappes blanches amidonnées – constitue une toile de fond neutre aux colonnes néoclassiques et aux portiques qui les entourent. L'endroit idéal pour impressionner des clients potentiels ou la belle-famille de passage à Londres.

Le service et la présentation de chaque plat sont d'une discrète élégance et le restaurant sert aussi le thé à cinq heures et des dîners de bonne heure le vendredi soir. Commencer le week-end par une balade dans les galeries consacrées au Proche-Orient suivie d'un *pink gin-fizz* semble une excellente idée.

CZECH AND SLOVAK CLUB

㉕

74 West End Lane, West Hampstead NW6 2LX
- Tél. 020 7372 1193
- www.czechoslovak-restaurant.co.uk
- Ouvert du mardi au vendredi de 17 h à 23 h, le samedi de 12 h à 23 h, le dimanche de 12 h à 22 h 30
- Accès : métro West Hampstead
- Petits prix

Gare au cholestérol

En 1939, le duc de Bedford inaugura à Holborn un club pour les légionnaires tchécoslovaques qui avaient combattu les nazis aux côtés de la RAF. En 1946, « en raison du léger désagrément suscité par l'interdiction de la bière à Holborn », les légionnaires s'installèrent à West Hampstead, dans une maison achetée avec leurs deniers et 3 000 £ offertes par le président tchèque, Edvard Beneš. Martin Barančice, ancien garde du corps de Beneš, dirigea la Maison de Tchécoslovaquie jusqu'à son décès, à 94 ans. On le trouvait toujours au bar, devant une pinte de Budvar, à 90 ans passés.

L'esprit des légionnaires imprègne toujours cette charmante relique hors du temps. Y passer une soirée ramène dans l'Europe de l'Est du rideau de fer (le club servit également de refuge aux Tchèques qui fuyaient le communisme). Tapis élimés, tentures bordeaux, tapisseries de brocart et portraits disparates du pape, de la reine et de pilotes de chasse forment un ensemble délicieusement suranné.

Les dernières tendances culinaires n'y ont pas droit de cité. Au menu, des portions gargantuesques de plats tchèques aussi authentiques que nourrissants : beignets, crêpes, fromage de tête, sanglier, foie d'oie frit aux oignons, nouilles aux pommes de terre et escalopes viennoises aussi grandes que des skis. Les plats sont agrémentés de crème, de fromage, de panure… ou des trois. Les plats végétariens sont aussi peu équilibrés : le brie pané est servi avec des frites et le langoš (tartine frite à l'ail, au cheddar, au ketchup et à la sauce tartare) promettait un arrêt cardiaque.

Nous avons choisi un savoureux bouillon de poule aux nouilles et beignets croustillants de pommes de terre, accompagnés d'oignons crus (et non de crème), qui doivent être très bons après plusieurs pintes de l'excellente pression. Les énormes et succulentes tranches de viande étaient accompagnées de « beignets », qui tenaient plus de la tranche de pain spongieuse, parfaits pour saucer l'épais goulasch et la choucroute liquide. Je n'ai heureusement commandé qu'une demi-portion de goulasch, bien que le svelte serveur m'ait assuré qu'il pouvait manger deux portions en un seul repas.

L'appétit des Slovaques nostalgiques et des Australiens gourmands nous a laissés bouche bée au moment du dessert (beignets aux abricots, strudels ou crêpes au chocolat, chantilly à foison). Nous avons terminé la soirée au bar devant un match de foot, nous promettant de revenir à la belle saison pour apprécier la terrasse secrète.

DININGS

㉖

22 Harcourt Street, Marylebone, W1H 4HH
- Tél. 020 7723 0666 • www.dinings.co.uk
- Ouverture en semaine de 12 h à 14 h 30 et de 18 h à 22 h 30, le samedi de 18 h à 22 h 30
- Accès : métro Edgware Road ou gare de Marylebone
- Prix élevés

> *Grand comme un front de chat*

Ce restaurant de « tapas japonaises » est un secret bien gardé parmi les gourmets londoniens, ne serait-ce parce qu'il ne peut accueillir qu'une vingtaine de clients. Au Japon, on le qualifierait de *neko no hitai* (« grand comme un front de chat »).

Ouvrir un minuscule restaurant dans une rue résidentielle de Marylebone était un vrai pari, surtout avec une salle aveugle en sous-sol, conçue comme un bunker. Malgré l'ambiance sonore digne d'Ibiza, on ne peut s'empêcher d'écouter les conversations des voisins. Les toilettes sont si exiguës qu'il faut fermer une porte avant d'en ouvrir une autre. À l'étage, le comptoir à sushi, qui peut accueillir six clients, est juste en face de la porte. Les cuisiniers accueillent chaque client en criant *Irashaimase* (« Bienvenue dans mon établissement »), habitude fastidieuse qui remonte au passage du chef Tomonari Chiba chez Nobu.

Malgré tout, Dinings possède une solide base d'habitués, dont je fais partie. Le menu expérimental n'est pas pour les puristes. Les saveurs japonaises traditionnelles (*ponzu*, *miso*, *yuzu*) se mêlent à des ingrédients aussi peu orthodoxes que la coriandre, la truffe et le foie gras pour un résultat (généralement) délicieux. Les jeunes serveurs européens, presque plus nombreux que les clients, montent et descendent les escaliers entre cuisine et salle chargés de spécialités joliment mises en scène. Le carpaccio de bar aux copeaux de truffe noire, oignons et cubes de gelée de *ponzu* frappe par l'intensité de ses saveurs. La morue noire grillée au piment et à l'ail est onctueuse, débarrassée de son habituelle douceur écœurante. Les tempuras éthérés et leurs trois sauces font découvrir d'innombrables parfums. Enfin, le sorbet framboise-mandarine et le thé hoji concluent l'affaire en beauté.

Pour apprécier autant de maîtrise culinaire, il faut y mettre le prix. Les déjeuners de sushi, *nigiri* et *donburi* sont néanmoins d'un excellent rapport qualité-prix.

AUX ALENTOURS

GEORGE BAR

(Durrants Hotel, George Street, Marylebone, W1H 5JB ; Tél. 020 7935 8131 ; www.durrantshotel.co.uk)

Le Durrants, propriété des Miller depuis 1921, fait partie des rares hôtels où l'on se sent chez soi, surtout si l'on habite d'ordinaire une maison de campagne cossue. Si les chambres sont trop chères, plongez-vous dans un fauteuil en cuir au George Bar, cocon BCBG qui évoque whisky et journal du dimanche. On dirait un club de gentlemen miniature avec une cheminée et des barmen attentionnés.

THE DOODLE BAR

27

33 Parkgate Road, Battersea SW11 4NP
- Tél. 07866 629 908
- www.thedoodlebar.com
- Ouvert le lundi et le mardi de 11 h à 19 h, le mercredi et le jeudi de 11 h à 23 h, le vendredi et le samedi de 11 h à minuit ; fermé le dimanche
- Accès : Bus 19, 170, 49, 319, 345 ou 15 à 20 minutes de marche de la gare de Clapham Junction ou de la station de métro South Kensington
- Prix modérés

Œuvres en cours

Pour trouver les ateliers entre Battersea Bridge et Albert Bridge où la grande styliste Vivienne Westwood et l'architecte Will Alsop se sont installés, il faut descendre une allée sombre et traverser un parking en suivant une enseigne lumineuse au néon où l'on peut lire ce mot énigmatique : TESTBED1.

Cet ancien dépôt de carreaux et de produits laitiers de l'époque victorienne devait être démoli, mais la crise financière de 2008 a contrarié ce projet. Alsop a convaincu le propriétaire qu'il serait intéressant de reconvertir un atelier de charpentier à l'abandon au rez-de-chaussée en un bar pour les employés du quartier et a créé The Doodle Bar (« le bar du gribouillage ») – une surface vierge sur laquelle les clients peuvent gribouiller et dessiner. Cet espace régressif vient d'être transformé en un bar pour adultes, mais on vous y encourage toujours à faire des dessins. Des pots remplis de craies de couleur sont à la disposition de tous ceux qui souhaitent laisser leur marque sur les colonnes, les radiateurs, le comptoir ou les tableaux fixés aux murs. Au bout de quelques jours, on efface tous les tableaux, mais les plus belles œuvres sont sauvegardées sur le site web du bar.

Cette esthétique improvisée s'étend aux murs décapés, à l'éclairage industriel et aux meubles réalisés dans des bateaux balinais recyclés. Sur la terrasse cachée qui domine les docks de Ransome, on trouve une table de ping-pong et une vieille bagnole aux vitres masquées. Parmi les événements que l'on organise sur place, signalons des cours de dessin d'après modèles, des séances de dessin collectif (« *sketch mobs* ») et des causeries nocturnes sur des sujets comme la taxidermie, l'architecture comestible ou le métro londonien. Des happenings plus importants et plus délirants sont mis en scène juste à côté, à Testbed1, un « vaste espace à l'état brut et sans programme », ponctué de poutres en métal vieilli artificiellement et de bandes de tubes au néon en couleur.

Alsop envisage enfin de construire une cuisine, mais en attendant, vous pouvez toujours acheter des boîtes repas à emporter au point de vente Street Kitchen à proximité. De midi à 14 h, deux cuisiniers plusieurs fois primés préparent d'excellents plats saisonniers à des prix dérisoires avec des ingrédients qui proviennent directement de fermes anglaises. (La caravane Airstream de Street Kitchen distribue des boîtes à repas à travers Londres – consultez leur site : http://streetkitchen.co.uk pour les détails.)

EXPERIMENTAL COCKTAIL CLUB

28

13A Gerrard Street, Chinatown W1D 5PS
- Tél. 020 7434 3559
- www.chinatownecc.com
- Ouvert du lundi au samedi de 18 h à 3 h du matin et le dimanche de 18 h à minuit. Pour réserver, téléphonez au 07825 215 877 ou envoyez un e-mail à cette adresse : reservation@chinatownecc.com avant 17 h du mardi au samedi
- Accès : métro Leicester Square ou Piccadilly Circus
- Prix élevés (le couvert est payant après 23 h)

Repaire chinois

Parmi les Londoniens que je connais, rares sont ceux qui admettraient d'aller dîner à Chinatown. Ce quartier me rappelle ces fins de soirée où, encore étudiante, et parfois éméchée, je dégustais des nouilles visqueuses servies par les serveurs les plus rustres du monde. Il faudrait que je sois complètement ivre aujourd'hui pour retourner dans un des bouis-bouis éclairés au néon qui bordent Gerrard Street. Parmi les canards rôtis pendus par le cou se cache pourtant un bar secret, sinon clandestin.

En face du restaurant Top of the Town, vous remarquerez une porte noire toute rayée. Aucune enseigne et aucun signe de vie pendant le jour. Mais dès que la nuit tombe, deux videurs apparaissent à l'entrée.

Si vous avez eu la bonne idée de réserver ou si vous n'avez pas l'air idiot, ils vous feront entrer dans une cage d'escalier sombre. Une fois à l'étage, on se jurerait à Shanghai dans les années 1930 : papier peint garni de chinoiseries, plafonds recouverts de miroirs, tapis aux motifs léopard et fauteuils confidents en velours pour vous blottir contre votre amoureux(se). Des bougies vacillent dans des verres en cristal et de lourds rideaux protègent contre les lumières crues et les relents de graisse de Gerrard Street. Sur deux étages, l'endroit commence à bourdonner dès 19 h.

The Experimental Cocktail Club a tendance à prendre son nom un peu trop à la lettre, les barmans semblant avoir un goût marqué pour les ingrédients obscurs : avez-vous déjà entendu parler du Cynar, du Batavia Arrack ou du Velvet Falernum ?

Les propriétaires, Olivier Bon, Pierre-Charles Cros et Romée de Gorianoff, tous trois Français, possèdent déjà trois bars à Paris, qui marchent bien. On y organise des concerts le mardi soir, et, le dimanche, on peut y écouter de la musique classique en se faisant masser. Certains clients ont même le courage de s'arrêter dans un restaurant chinois avant de rentrer chez eux.

FAN MUSEUM ORANGERY

29

12 Crooms Hill, Greenwich SE10 8ER
- Tél. 020 8305 1441
- www.thefanmuseum.org.uk
- Ouverture café : mardi et dimanche de 15 h à 17 h. Musée : du mardi au samedi de 11 h à 17 h, le dimanche de 12 h à 17 h
- Accès : Cutty Sark ou Greenwich (DLR), gare de Greenwich
- Petits prix (mais il faut visiter le musée pour accéder au café)

Un éventail de bonheur

Bien que son ouverture ne remonte qu'à 1911, le petit musée des éventails, l'un des plus étranges de Londres, donne l'impression d'être ici depuis des siècles. Occupant deux maisons géorgiennes de Greenwich, il contient les 4 000 pièces de l'exquise collection de la fondatrice Hélène Alexander (même le savon des toilettes est en forme d'éventail). La plupart sont hors de vue pour éviter toute détérioration. Les éventails exposés varient énormément : accessoire de mode, signe extérieur de richesse, artefact rituel, indicateur politique, objet promotionnel… À son apogée, à la Belle Époque, l'éventail faisait l'objet d'un langage autonome : sur les lèvres, il signifiait « je me méfie » ; en visière, il suggérait « vous êtes laid ». Le musée remonte le temps avec fantaisie, tout comme le café, blotti dans le jardin. La salle arbore une fresque pastorale avec un éventail en trois dimensions et des insectes, pots de fleurs et monuments de Greenwich en trompe l'œil. Des lustres en verre de Murano bleu éclairent les tables délicates. Les serviettes sont évidemment décorées d'éventails. Peter Whittaker, responsable plein d'entrain, sert des scones chauds avec de la crème fraîche et la confiture de prunes de Mme Alexander. La collation complète offre aussi des génoises ou des tartes confectionnées à proximité (pas de sandwiches). Dans cette serre enchantée, impossible de ne pas se détendre en pensant que la vie est belle.

The Orangery n'est ouverte que quatre heures par semaine. Malheureusement, les sublimes jardins japonais aux massifs en forme d'éventail ne sont jamais visibles à cause d'un voisinage désobligeant. Attitude d'autant plus mesquine que le musée n'accueille que 8 000 visiteurs par an, vieilles dames ou étudiantes en stylisme. Mais avec seulement une poignée de tables, mieux vaut réserver, surtout le dimanche.

AUX ALENTOURS

OLIVER'S MUSIC BAR

(9 Nevada Street, Greenwich SE10 9JL ; Tél. 020 8853 5970 ; www.myspace.com/oliversmusicbar. Ouvert en semaine de 17 h à 1 h, le week-end de 17 h à 2 h)

Intime et bordélique, ce bar jazz rouge et noir de la vieille école, caché en sous-sol dans une voie privée, ne déparerait pas à Montmartre. Pros aguerris et étudiants précoces du Trinity College of Music font des bœufs chaque soir sur la scène défraîchie. Olivier, patron gaulois à bouc, sert « de la nourriture liquide, pas des cocktails extravagants ».

FAT BOY'S DINER

30

Trinity Buoy Wharf, 64 Orchard Place, E14 0JW
• Tél. 020 7987 4334
• www.fatboysdiner.net
• Ouverture du mercredi au dimanche de 10 h à 17 h (horaires variables,
appelez pour confirmer)
• Accès : East India (DLR) puis 10 min de marche. Bus 277
• Petits prix (liquide uniquement)

"

***Burgers
en carton***

L e Fat Boy's Diner se situe dans une
« ville à un feu rouge » : un lieu reculé,
selon le lexique sur le menu. Dans un
coin désolé des Docklands, face au Millennium Dome, Trinity Buoy Wharf tire
son nom des bouées en bois qui y étaient fabriquées au début du XIXe siècle.
Ce dock abrite toujours le seul phare de Londres, construit en 1864 pour tester
les éclairages maritimes et former les gardiens de phare. Les usines à gaz et les
chaufferies ont été transformées en ateliers de charpentiers et costumiers, et
une communauté d'artistes et de designers s'est installée dans Container City,
piles colorées de conteneurs en tôle. Juste à côté, deux bateaux-phares abritent
un studio d'enregistrement et de photographie.

Garée entre une école primaire et une école de danse, une camionnette
rouge et chromée semble sortie d'un autre espace-temps. C'est le cas : le Fat

Boy's a vu le jour dans le New Jersey en 1941. Ce véhicule resta garé quarante-neuf ans sur les rives du Susquehana, en Pennsylvanie, puis fit un bref passage au marché de Spitalfields avant de s'installer ici en 2001. « L'endroit était désert », explique Rosario Falcetta, son propriétaire italien.

L'intérieur authentique, avec son bar chromé et ses banquettes en cuir, est souvent utilisé pour des films ou des séances photo. Le menu aussi semble authentique : petit déjeuner américain, sandwiches sophistiqués, hot-dogs, burgers saveur « peinture jaune » (moutarde) ou « mauvaise haleine brune » (oignons frits). Le menu nous promet le « coup de foudre », mais ce n'est malheureusement pas le cas.

« On dirait un burger islandais », déplore mon ami. À court de petits pains, Rosario nous sert son burger ABC (avocat, bacon, fromage) dans du pain blanc… On a vu plus authentique. Mon milk-shake au chocolat ressemble à de la glace pilée au Nesquik. Le menu nous conseille de demander le plat du jour à la serveuse, qui ne parle pas un mot d'anglais. Nous ne lui laissons pas de « sauce » (pourboire).

Une ambiance rockabilly nous aurait redonné le sourire, mais ce juke-box ne fonctionnent pas. Nous sommes donc allés vers le phare écouter *Longplayer*, morceau envoûtant destiné à être joué en temps réel, sans répétition, pendant mille ans (tous les week-ends de 11 h à 17 h). Juste à côté se trouve le plus petit musée de Londres : le Faraday Effect, cagibi en l'honneur de Michael Faraday, scientifique victorien à l'origine du générateur électrique. Tous deux valent le déplacement, contrairement aux burgers en carton.

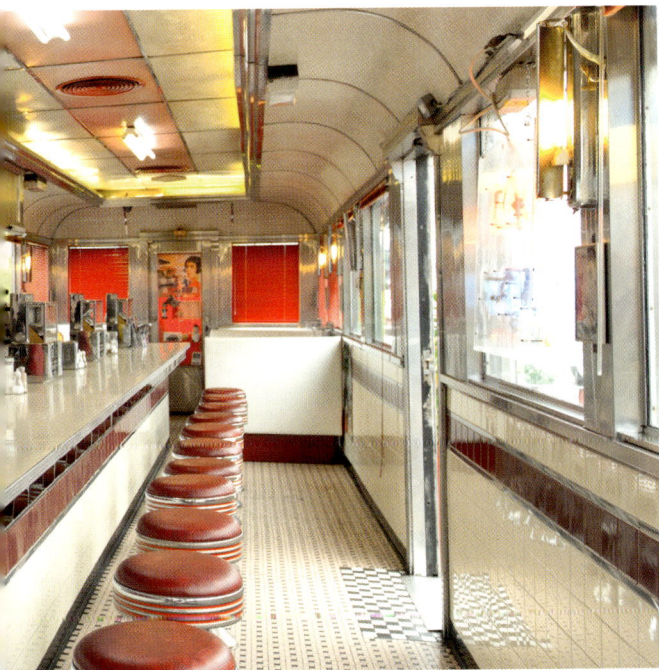

BROWNIE

CHOCOLATE AND CHERRY

FRUIT FRANGIPANE

GARDEN CAFÉ

(31)

Museum of Garden History, Lambeth Palace Road, SE1 7LB
- Tél. 020 7401 8865
- www.gardenmuseum.org.uk
- Ouverture en semaine de 10 h 30 à 17 h, le week-end de 10 h 30 à 16 h. Déjeuner de 12 h à 15. Fermé le premier lundi du mois
- Accès : métro Westminster, Waterloo ou Lambeth North (15 minutes de marche) Bus 3, 344, 360, 507, C10
- Petits prix (liquide uniquement)

« *Révélation sur la Tamise*

Le Garden Museum, situé dans l'église médiévale de St Mary à Lambeth, attire les dames d'un certain âge qui vouent une obsession malsaine aux jardins. Si les objets d'horticulture ciblent un marché de niche, les salades et les gâteaux du café du musée, eux, séduiront tous les publics.

À un rond-point animé près du pont de Lambeth, St Mary abritait près de 26 000 tombes, dont celle d'Elizabeth Howard (mère d'Ann Boleyn), du capitaine Bligh du *Bounty*, et de John Tradescant (jardinier du XVI\e siècle). L'église, sécularisée en 1972, était vouée à être remplacée par un parking. L'autel, les cloches et les bancs avaient déjà été démontés quand Rosemary Nicholson la sauva en créant le premier musée au monde consacré à l'histoire des jardins, en hommage à Tradescant.

Malgré les caveaux, l'atmosphère du café reste gaie grâce aux toiles cirées fleuries et aux bouquets fraîchement cueillis. Le menu végétarien de saison change tous les jours. Salades, herbes et fleurs comestibles viennent droit du jardin potager. Les nèfles et les coings viennent des vergers du XII\e siècle du palais de Lambeth, juste à côté. Le reste a été cueilli dans un rayon de 50 km autour de Londres. Les petits plats pourraient convertir les carnivores les plus fervents : soupe de légumes au basilic et pistou de noisettes, gratin de fenouil et tomates cerise, beignets de courgettes, pois et menthe, choux de Bruxelles rôtis et salade de betterave. On se croirait chez Ottolenghi, la prétention et les prix en moins.

Sorrel Ferguson, la chef, réussit à avoir l'air d'une pin-up tout en cuisinant absolument tous les plats, sauf les gâteaux, préparés par sa charmante équipe. Orange, amande et romarin ou courgette, gingembre et citron vert… Malgré de saines promesses, ces gâteaux sont merveilleusement riches. Le clou du spectacle : les scones géants (recette familiale) servis avec crème fraîche et compote de rhubarbe.

Une porte d'époque mène à un petit jardin aromatique dont les fleurs furent plantées par Tradescant il y a 400 ans. Ce sanctuaire secret ne peut accueillir que 20 visiteurs à la fois : si les mamies vous ont devancé, allez savourer votre déjeuner en face, sur les rives de la Tamise. Un café y est en projet, mais pour l'instant, Sorrel continue de faire des miracles dans sa petite cuisine

GINGLIK

②

1 Shepherd's Bush Green, Shepherd's Bush W12 8PH
- Tél. 0207 348 8968
- www.ginglik.co.uk
- Ouverture du lundi au jeudi de 19 h à heure variable, vendredi et samedi de 19 h à 3 h (parfois 4 h), dimanche de 19 h à 0 h 30. Ouverture à 21 h vendredi et samedi de juin à août
- Accès métro Shepherd's Bush
- Prix modérés

> *Des toilettes clandestines*

Les premiers jeux Olympiques de Londres en 1908 eurent lieu à Shepherd's Bush. Ils auraient dû se tenir à Rome, mais après l'éruption du Vésuve en 1906, l'Italie jeta l'éponge et Londres prit le relais. Le stade, construit à la hâte, fut surnommé la « Ville blanche » en raison de sa structure en béton et acier, blanchie à la chaux. Il fut démoli dans les années 1980, mais les toilettes publiques destinées au flot de spectateurs passant par la station de métro Shepherd's Bush ont survécu. Reconverties en salle de billard, ces toilettes édouardiennes furent ensuite transformées par Tammi Willis et Colin Welsh en 2002 en « bunker indépendant », à la fois salle de concerts, cabaret et boîte de nuit.

Au milieu d'un carrefour encombré, l'entrée discrète jouxte le monument aux morts de Shepherd's Bush Green (repérez les guirlandes lumineuses autour de la rambarde). La salle au sous-sol, sombre, vaguement humide et miteuse, est pourtant chaleureuse (même si paradoxalement les toilettes laissent à désirer). L'entrée est réservée aux membres (100 £ l'année), mais l'abonnement gratuit vous permet de rentrer avec quatre amis en réglant les entrées au coup par coup.

Le ginglik est un art martial cantonais dont le nom signifie « puissance explosive ». Le lundi soir, des aspirants Bruce Lee suivent des cours de Wing Chun (d'où le mannequin en bois derrière le bar). Les autres soirs, le bar s'ouvre à tout : DJ des Balkans, musiciens ambulants de Londres… Paloma Faith, Paolo Nutini et Ellie Goulding se sont tous produits lors du Big Secret, soirée hebdomadaire dédiée aux artistes émergents. De grands humoristes ont également été révélés lors des spectacles bimensuels. Robin Williams y fit même une apparition surprise avant de participer au Royal Variety Show.

Lors d'une récente soirée, l'humoriste s'est étranglé de rire à la vue du public : « Je n'ai jamais vu un tel public de petits bourgeois blancs ». Ce n'était rien par rapport au spectacle suivant, celui de la décalée Lou Sanders : mon amie riait si fort que Lou l'accusa d'être sous poppers.

AUX ALENTOURS

FM
(Hopgood Street, W12 7JU ; 020 8811 2807 ; www.fm184.com)
Ce karaoké club philippin s'anime fortement les week-ends, quand il reste ouvert jusqu'à 3 h.

AN OLD HOUSE

HOUSING, SOCIAL TRAINING AND ENTERPRISE CENTRE

12-14 ENGLEFIELD ROAD LONDON N1 4LS

PHONE 071 275 7521
FAX 071 275 8510

PHONE 071 275 7780
FAX 071 275 8510

HUONG VIET

33

12-14 Englefield Road, Dalston, N1 4LS
- Tél. 020 7249 0877
- Ouvert du lundi au samedi de midi à 15 h 30 et de 17 h 30 à 23 h
- Accès : gare ferroviaire de Dalston Kingsland
- Petits budgets

> *Soupe populaire pour clientèle endurcie*

Hoxton, un secteur du faubourg de Hackney, est réputé pour ses coupes de cheveux ridicules à l'imitation des chanteurs de rock indépendants ou des joueurs de foot obsédés par la mode : crêtes, extensions ou postiches dont il faut attribuer principalement la faute aux salons de beauté vietnamiens qui prolifèrent le long de Kingsland Road, à côté de cantines éclairées au néon où l'on sert des bols brûlants de *pho* pour trois fois rien.

Le véritable responsable de cette réputation est Khanh Thanh Vu, directeur de la fondation An Viet, créée en 1982 pour fournir une aide pratique et une formation professionnelle aux réfugiés vietnamiens qui fuyaient le régime communiste. Monsieur Vu faisait partie des premiers boat people qui bénéficièrent de l'asile politique en Grande-Bretagne à la fin des années 1970. Nombre d'entre eux s'installèrent à Hackney où les loyers étaient très abordables et où les squats ne manquaient pas. Les premiers temps, la communauté vietnamienne travaillait surtout dans l'industrie textile locale, mais elle ne tarda pas à trouver un créneau en ouvrant des restaurants bon marché et des salons de beauté.

C'est l'épouse de Monsieur Vu qui gère Huong Viet, un restaurant du centre An Viet, dont une partie des recettes est destinée à financer certains projets de la communauté. La journée, on peut aisément contourner cet immeuble décrépit où se trouvaient autrefois une blanchisserie et des bains publics. Le soir, en revanche, une foule de gens pleins d'espoir se tasse dans le vestibule mal éclairé pour étudier dans le détail un curieux assortiment de nouilles, currys, viandes grillées, soupes âpres et bouillantes, etc.

Il m'est arrivé de très mal manger dans des gargotes sordides le long de Kingsland Road, mais, quoi qu'en disent les critiques mitigées d'autres consommateurs, je n'ai jamais été déçue par Huong Viet. On y dîne pour un prix dérisoire et l'on peut même apporter sa boisson.

Mais ne vous attendez pas à beaucoup plus : les chaises sont bancales, les tables minuscules sont encastrées les unes dans les autres, l'acoustique est épouvantable, la propreté douteuse et le service est d'une telle brusquerie que c'en est presque comique. Le manque de savoir-vivre du personnel est légendaire : on vous ignore délibérément, on apporte un plat que vous n'avez pas demandé à des intervalles parfaitement aléatoires, on marmonne des injures si vous vous plaignez, chaque serveur (ou serveuse) se souciant généralement beaucoup plus de sa coiffure asymétrique ou de ses ongles outrageusement vernis que de vous faire plaisir.

いなほ

INAHO

34

4 Hereford Road, W2 4AA
- Tél. 020 7221 8495
- Ouvert du lundi au vendredi de 12 h 30 à 2 h 30, le samedi de 19 h à 23 h, fermé le dimanche
- Accès : métro Royal Oak ou Bayswater
- Prix modérés

Boîte nippone

Les restaurants apparaissent et disparaissent le long de Westbourne Grove et de ses ramifications, dont Hereford Road, mais Inaho demeure. Cette toute petite gargote japonaise, qui a célébré son vingtième anniversaire en 2011, a l'air d'une cabane de l'extérieur. Mais si vous vous donnez la peine de jeter un coup d'œil à la devanture, derrière les rideaux violets et les plantes suspendues, vous apercevrez un *maneki-neko*, autrement dit un chat porte-bonheur, qui vous invite à entrer dans cette salle de restaurant en forme de boîte qui pourrait être la salle de séjour d'un appartement privé d'une ruelle de Tokyo.

De grosses tables en bois serrées les unes contre les autres créent une atmosphère intime qui conduit inévitablement à écouter la conversation de vos voisins. L'irrésistible grésillement de la *tempura*, la friture panée japonaise, émane de la cuisine, derrière un rideau. Depuis l'ouverture du restaurant Inaho en avril 1991, c'est le même cuisinier, S. Otsuka, qui prépare ces bons petits plats à la mode nippone.

Avec un personnel réduit à quatre personnes, dont le propriétaire, N. Nakamura, le service laisse forcément un peu à désirer. À votre arrivée, une serveuse vous apporte quelques mets délicats, peau de saumon croustillante ou bien maquereaux dans une sauce *ponzu*, pour stimuler votre appétit tandis que vous patientez.

N'oubliez pas de demander le menu des plats du jour à partager (*osusume-hin*, littéralement : « Que recommandez-vous ? »). Cette formule, telle qu'on en trouve au Japon dans les *izakaya*, peut comporter des plats qui sortent de l'ordinaire comme les *hijiki nimono* (algues marines noires et braisées), les *ika geso age* (tentacules de calamars grillés), les *hamachi kama shioyaki* (filets de limande queue jaune salés et grillés) ou le *toro kakuni* (steak de thon cuit lentement en ragoût). Ces spécialités vous sont servies au hasard de leur cuisson, dès qu'elles sont prêtes. Tout est cependant présenté ingénieusement dans des assiettes et des bols traditionnels si délicats qu'on a envie de les voler. Une théière « *sumo* » brûlante de thé vert est un remède miraculeux contre la gueule de bois et les repas déjà prêts dans leurs boîtes à *bentō* laquées sont prodigieusement réconfortants. Quant au dessert, la crème à la graine de sésame et au thé vert n'est pas moins raffinée ni moins déconcertante que tout ce qui figure sur le menu.

Intime et agréable, Inaho est un endroit idéal pour un rendez-vous galant. Il n'y a que dix tables : mieux vaut réserver.

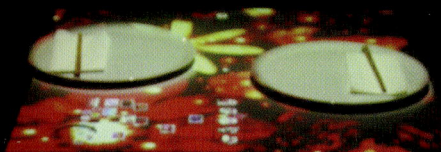

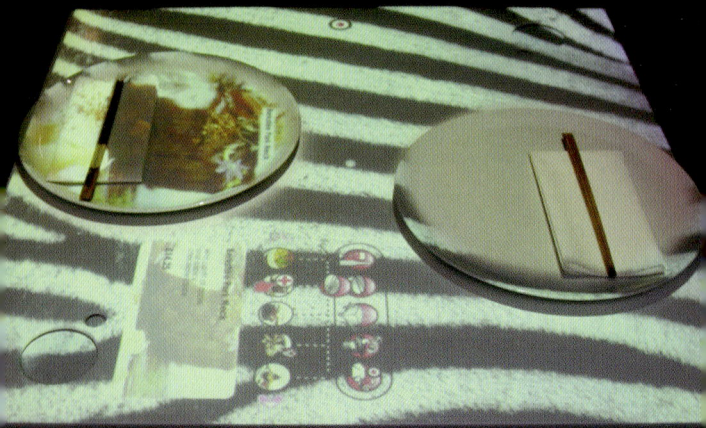

INAMO

35

134 Wardour Street, Soho, W1F 8ZP
- Tél. 020 7851 7051 • www.inamo-restaurant.com
- Ainsi qu'au 4-12 Lower Regent Street, St James, SW1Y 4PE
- Tél. 0207 484 0500 • www.inamo-stjames.com
- Horaires d'ouverture : à Soho, du lundi au jeudi de midi à 15 h et de 17 h à 23 h 30, le vendredi et le samedi de midi à minuit, et le dimanche de midi à 22 h 30 ; à St James, de midi à minuit et demi tous les jours
- Accès : métro Leicester Square ou Piccadilly Circus
- Prix modérés

Pour technomaniaques raffinés

Noel Hunwick et Danny Potter n'avaient guère plus de 20 ans et ils venaient de sortir de l'université quand ils imaginèrent un restaurant dont les menus seraient des écrans tactiles où il suffirait de toucher un bouton pour commander une bière ou demander l'addition. Ce concept se développa au cours d'un dîner alors qu'ils cherchaient désespérément à attirer l'attention d'un serveur insaisissable. Au lieu de se plaindre ou de lui laisser un pourboire minable, comme l'auraient fait la plupart des clients mécontents, Noel et Danny réagirent en créant « le premier système de commande interactif qui recoure à un dispositif de rétroprojecteurs pour permettre au client de rester maître des conditions d'optimisation de son repas ».

Si vous ne comprenez rien, pas de problème : même les technophobes n'auront aucune peine à utiliser les menus interactifs qui rayonnent sur les dessus de table du restaurant Inamo. Cliquez sur les images de plats asiatiques et l'on s'empressera de vous les servir un à un à votre table. À la différence des tapis roulants des sushi bars, où la nourriture ne semble jamais très fraîche, tout est préparé ici à la commande. Conformément à la numérotation interactive, de nombreux petits plats ont été conçus pour être partagés : de succulentes anguilles grillées et des makis à l'avocat, de minces tranches de loup de mer dans une marinade d'algues brunes, ou du saumon au saké enveloppé dans du bois de cèdre.

Le restaurant abonde en accessoires ultramodernes qui feront le bonheur d'un dîner solitaire ou d'un rendez-vous insolite. Vous pourrez personnaliser votre nappe virtuelle (excellent pour les créateurs frustrés), espionner la cuisine en vous reliant à la caméra du chef (rassurant pour les maniaques de l'hygiène), faire défiler une liste de tuyaux sur les attractions du quartier (pratique pour les touristes) ou appeler un taxi (providentiel lors d'un rancard foireux).

Il existe deux restaurants Inamo (ce nom ne signifie rien de particulier en japonais, il évoque plutôt *enamour*, « s'amouracher », et *in a mo[ment]*, « dans un instant », en anglais). Le premier, à Soho, est assez exigu et obscur. Plus récent, le second, dans Regent Street, est plus clinquant, avec sa forêt de bambous et son bar en onyx rétro-éclairé derrière lequel un vaillant barman secoue dans son shaker des cocktails à base de piment rouge, de mandarine et de ciboulette.

INDIA CLUB

143 Strand, WC2R 1JA
- Tél. 020 7836 0650
- www.strand-continental.co.uk
- Ouvert tous les jours de midi à 14 h 30 et de 18 h à 22 h 50
- Accès : métros Temple, Covent Garden, Embankment ou Charing Cross
- Budgets modestes (les cartes de crédit ne sont pas acceptées)

Un établissement colonial

V.K. Krishna Menon, premier haut commissionnaire de l'Inde en Grande-Bretagne après l'indépendance, buvait, paraît-il, 50 tasses de thé par jour. Quand il emménagea dans la Maison de l'Inde (*India House*), dans Aldwych, en 1947, il fonda l'India Club (de l'autre côté de la rue, sur le Strand), lieu de rencontre où les expatriés et les diplomates pourraient bavarder en buvant du *chai* (thé noir de Ceylan) à la sortie du bureau. Jawaharlal Nehru et Lady Edwina Mountbatten, entre autres, faisaient partie des membres fondateurs : c'est dire que l'India Club était un foyer d'activité politique, et davantage peut-être, puisqu'il est de notoriété publique que ces deux prestigieux personnages eurent une liaison amoureuse.

L'India Club est demeuré tel quel, dissimulé en haut d'une volée d'escalier recouvert d'un linoléum plutôt crasseux, à l'intérieur du Strand Continental Hotel (ne soyez pas impressionné par ce nom : il s'agit d'une simple pension dont les chambres bon marché donnent toutefois sur la Tamise).

Avec ses fauteuils au cuir craquelé, le salon a été conservé dans son jus. S'il a visiblement connu des jours meilleurs, le bar, où une allure flegmatique est restée de rigueur et où l'on passe des cassettes de Ravi Shankar en boucle, ne manque pas de charme. On y voit toujours, de temps à autre, quelques membres octogénaires du Calcutta Rowing Club.

La plupart des clients commandent des bières Cobra ou apportent leurs propres boissons alcoolisées (il n'y a pas de droit de bouchon) avant de monter à l'étage pour s'installer dans l'extraordinaire salle de restaurant. Avec ses chaises en bois noir capitonnées de cuir et ses portraits de Gandhi, il en émane une atmosphère de réfectoire digne d'une université indienne de province. On y rencontre surtout des étudiants et des professeurs de King's College et de la London School of Economics, ou encore des avocats des écoles de droit voisines.

Vêtus de vestes blanches, les serveurs ont l'air de travailler depuis des lustres dans cet établissement, et la plupart y ont en effet passé des dizaines d'années. Gyanaprakasam Joseph, qui y fut maître d'hôtel pendant trente-sept ans, était une telle institution que l'on publia sa notice nécrologique dans *The Guardian*.

INDIAN YMCA

41 Fitzroy Square, Fitzrovia W1T 6AQ
- Tél. 020 7387 0411
- www.indianymca.org
- Ouverture en semaine de 12 h à 14 h, week-ends et jours fériés de 12 h 30 à 13 h 30 et de 19 h à 20 h 30
- Accès : métro Warren Street, Euston Square ou Goodge Street
- Petits prix

Le goût du curry

Les auberges de jeunesse sont rarement synonymes de grande cuisine. Si YMCA vous évoque les Village People et non un bon repas, ce curieux anachronisme au cœur de Londres vous surprendra.

Fondée en 1920 pour offrir un toit abordable aux étudiants indiens, l'Indian YMCA a connu bien des péripéties. Tout d'abord située en face du Senate House, elle déménagea en 1923 à Gower Street, dans un bâtiment qui sera bombardé pendant la Deuxième Guerre mondiale. Un étudiant y perdit la vie. Après un passage à Woburn Square et une campagne acharnée pour collecter des fonds, l'établissement de Fitzroy Square fut inauguré par le haut-commissaire de l'Inde en 1953. Même Nehru vint le saluer. En 1962, l'Indian YMCA devint la première auberge de jeunesse mixte de Londres, décision curieusement polémique pour un établissement si conservateur.

Cette charmante auberge d'un autre âge conserve une atmosphère d'un académisme rassurant. À la cafétéria, étudiants désargentés, érudits économes, ouvriers et expatriés avalent des assiettes de curry à prix imbattables. Le personnel attentif bavarde en hindi avec les habitués. La salle ressemble à n'importe quelle cantine du sous-continent, avec ses tables en formica, ses rideaux beiges, ses néons et son lavabo pour les clients qui préfèrent se passer de couverts.

Dans ce self-service, pas de grande cuisine. Mais les currys de mouton, crevettes et poulet, apparemment identiques, sont tous frais et délicieux. Une montagne de riz pilaf, du curry chou-lentilles redoutablement épicé et des *bhaji* à l'oignon avec chutney et *raita* vous coûteront 5 £. Les boissons se limitent au *lassi* à la mangue et à des carafes d'eau. Les plats, pauvres en beurre clarifié, n'écœurent pas malgré les portions gigantesques.

La cafétéria n'ouvre que quelques heures par jour. Les choses s'affolent vers 13 h : venez plus tôt ou plus tard pour être sûr d'avoir une place. Ce lieu, peu propice aux repas tranquilles, est idéal pour déjeuner seul.

Les chambres à l'étage sont elles aussi une affaire, mais je doute qu'elles suscitent le même enthousiasme que le restaurant. Lors de ma dernière visite, une pile de matelas était coincée entre les toilettes et la machine à café.

JAMBOREE

38

Cour des Cable Street Studios, 566 Cable St, Stepney E1W 3HB
- Tél. 020 7790 1309
- http://jamboreevenue.co.uk
- Ouverture du lundi au jeudi de 20 h à 23 h, vendredi et samedi de 20 h à minuit, dimanche de 16 h à 21 h
- Accès : Limehouse (Docklands Light Railway), bus 30, 15, 115, 135
- Petits prix

Un univers bordélique, mi-brocante, mi-cabaret

Le 4 octobre 1936, les habitants de l'East End empêchèrent les fascistes de défiler dans Stepney lors de la bataille de Cable Street. Au début du XXIe siècle, cette rue s'était transformée en champ de bataille sonore après l'arrivée de raves, de soirées transsexuelles et d'un club fétichiste dans les Cable Street Studios, confiserie victorienne reconvertie en ateliers d'artistes. Après une fusillade en 2008, les clubs perdirent leur licence. Dans la boîte techno se trouvent désormais une mosquée et une crèche nommée Gymboree, à ne pas confondre avec Jamboree, café-concert caché dans la cour des Studios.

Aucune enseigne. Suivez le son étouffé du violon pour pénétrer dans cet univers bordélique, mi-brocante, mi-cabaret. « Les habitués souhaitent garder ce lieu secret, et cela nous plaît », déclare la responsable Rena Beck, designer suisse qui occupait l'un des ateliers. « Je voulais être scénographe mais cela n'a pas marché, alors j'ai créé ma propre scène ». Alastair Clark, ingénieur du son et partenaire de Beck, souhaitait offrir une scène aux groupes émergents.

L'ancienne cantine des confiseurs tombait en ruine à leur arrivée. Il aura fallu deux semaines, simplement pour poncer le plancher. Le résultat est sans excès ; les rares décorations proviennent d'habitués ou de la benne à ordures : accordéon, cage à oiseaux, gramophone, tableau d'abat-jour sauvé d'un pub en perdition.

Le programme change tous les soirs : jazz manouche, folk celtique ou rythmes latino. Le dimanche, on joue au scrabble sur fond de jazz. Le lundi, bluegrass et folk animent la soirée. Un magicien fait généralement des tours de cartes. Dans un coin, Armando Seijo, artiste résident, peint les groupes et leurs fans, mélange hétéroclite d'amateurs de folk barbus et de chics habitants de l'East End. L'ambiance est agréablement brute, avec des danses spontanées et des boissons simples et abordables. Certaines soirées sont gratuites, d'autres nécessitent un droit d'entrée dérisoire.

Tout comme le Wilton's Music Hall (voir p. 184) à l'autre bout de Cable Street, ce bâtiment est menacé. Le propriétaire souhaite démolir les ateliers pour céder la place à de nouveaux appartements de standing pour les salariés de la City. Espérons que ces artistes insouciants resteront encore longtemps chez eux.

KNIGHT'S BAR

39

Simpsons-in-the-Strand, 100 Strand, Aldwych WC2R 0EW
- Tél. 020 7836 9112
- www.simpsonsinthestrand.co.uk
- Ouvert du lundi au samedi de 11 h à 23 h et le dimanche de midi à 21 h
- Accès : métro Temple, Charing Cross ou Embankment
- Prix élevés

> *Quand les habitués n'en parlent à personne...*

Simpsons-in-the-Strand est l'une de ces vénérables institutions londoniennes dont les habitués sont jaloux au point de n'en parler à personne.

Dès 1862, le chef cuisinier Thomas Davey tenait à ce que tous les plats servis dans ce restaurant soient anglais (il remplaça même le terme « menu » par son équivalent anglo-saxon : *bill of fare*). Cette tradition se perpétue avec de savoureuses spécialités locales : *oxtail faggot* (boulettes de queue de bœuf) à la purée de pois cassés, *steak and kidney pie* (tourte au bœuf et aux rognons) et un petit déjeuner anglais hyperénergétique baptisé *The Ten Deadly Sins* (« Les dix péchés capitaux »).

Le fin du fin est la côte de bœuf écossais rôtie, que des serveurs en livrée apportent jusqu'à votre table sur un chariot et sous un couvercle bombé en

argent, avant de la découper devant vous. Ce rituel remonte à l'époque où Simpson's était un club d'échecs, sa vocation originelle : on apportait la viande sur un chariot pour ne pas troubler la concentration des joueurs. Les alcôves d'origine, ou les divans, qui s'alignent contre un mur de cette magnifique salle de restaurant édouardienne, étaient réservées aux joueurs d'échecs. Des parties étaient organisées contre d'autres cafés, et des coursiers coiffés de hauts-de-forme colportaient la nouvelle de chaque coup d'un lieu à l'autre. Un jeu d'échecs est toujours disponible, mais, aujourd'hui, lorsque des clients parlent d'une « belle prise », il est plus probable qu'il s'agisse d'une sole de Douvres.

L'arôme de rôti de bœuf vous poursuit jusqu'à l'étage, où se trouve le Knight's Bar (littéralement : « le bar du chevalier »), un repaire Art déco qui donne sur le Strand. Avec son comptoir à damier or et noir, ses fauteuils au cuir délicieusement grinçants et ses canapés patinés, ce bar semble n'avoir pas changé depuis des lustres. En réalité, il n'est ouvert que depuis 1999.

Rarement bondé, c'est l'endroit idéal pour prendre un verre avant d'aller au théâtre, ou après le spectacle, en évitant l'habituelle bousculade du West End. La liste des boissons comporte une gamme d'excellents champagnes et toutes les liqueurs classiques, ainsi que d'exceptionnels cocktails dont les noms sont des jeux de mots du genre de *Divan Intervention* ou *Czech Mate* (« Mat tchèque » pour *checkmate*, « échec et mat »).

George Bernard Shaw fit partie des clients qui furent contraints de s'abriter dans la cave lors d'une attaque aérienne en 1917. Il laissa un mot de remerciement que l'on peut encore voir aujourd'hui sur l'un des murs de la cuisine.

LISBOA GRILL

256a Brixton Hill, Brixton, SW2 1HF
- Tél. 020 8671 8311
- www.lisboagrill.net
- Ouverture lundi au jeudi et dimanche de 12 h à 22 h 30, vendredi et samedi de 12 h à minuit
- Accès : métro Brixton, puis bus 45, 109, 118, 250
- Prix modérés

> **Poulet clandestin**

L'enseigne « STOP! CHICKEN » de ce restaurant portugais clandestin a hélas disparu. En revanche, les appétissants poulets rôtis qui garnissent la fenêtre du comptoir à emporter pourraient vous arrêter. Jusqu'à peu, les clients au parfum passaient par la porte de service pour accéder à une salle secrète. Malgré l'ajout d'une horrible cafétéria qui sert du flan à toutes les sauces et fait office d'accès au restaurant, rien ne trahit l'existence de cet établissement.

Le Lisboa Grill s'appelait autrefois The Gallery, sûrement en l'honneur des paysages portugais criards qui couvrent les murs et le plafond. « On dirait la chapelle Sixtine revue par un enfant », commente cruellement mon ami. Le reste de la salle est un kaléidoscope extrême de faïences beiges, brunes et vertes. Des serviettes savamment pliées et des œillets secs décorent les tables. Une mezzanine surplombe la salle principale, qui fait parfois office de piste de danse avec des concerts occasionnels, de la pop portugaise, voire des chansons impromptues. « Une fois, nous avons tellement bu en attendant sans fin que nous avons tous entonné *La mélodie du bonheur* », avoue mon ami. Le service est lent mais toujours cordial. La plupart du personnel est ici depuis que George et Maria Vidigueira ont ouvert boutique en 1993. Ce restaurant reste une sortie populaire pour les familles portugaises.

La carte des vins portugais (qui propose des Vinho Verde pétillants sous le nom de « vins verts ») est aussi impressionnante qu'abordable. Tous les plats semblent contenir des fruits de mer, des saucisses ou de la morue, voire les trois dans le cas des *cataplana*, préparés dans une marmite en cuivre. Les plats végétariens se limitent aux omelettes. Mais si vous aimez le poulet et les frites, vous trouverez votre bonheur. Notre serveuse nous déconseille le jeune poulet (« trop d'os et de veines ») et nous sert un demi-poulet au *piri-piri* sous une montagne de frites (malheureusement précuites). Si vous êtes d'humeur audacieuse, demandez de la sauce *jedungo*, servie dans un flacon en terre cuite avec la mention « très fort ». Les succulentes crevettes grillées n'ont pas besoin de condiments, mais le chef garde le secret de sa délicieuse marinade : « Dieu seul sait ce qu'elle contient ». Les portions gargantuesques réjouiront les gourmands, mais à deux, partager une entrée et un plat suffit amplement.

LMNT

41

316 Queensbridge Road, Dalston E8 3NH
• Tél. 020 7249 6727 • www.lmnt.co.uk
• Ouvert du lundi au jeudi de 18 h à 23 h, le vendredi et le samedi de 12 h
à 23 h, le dimanche de 12 h à 22 h 30
• Accès : gare de Dalston Junction ou Haggerston, bus 149, 242, 30, 38,
56, 19, 236
• Prix modérés

> **Le restaurant le plus excentrique de Londres**

Ce n'est pas tous les jours que l'on va retrouver une amie au restaurant… dans une amphore géante. C'est pourtant ce qu'il m'est arrivé au LMNT un samedi soir. À l'intérieur de notre poterie éclairée par des bougies, l'atmosphère étouffante était animée par le fracas des casseroles de la cuisine voisine.

Les autres tables sont tout aussi incongrues. Certains clients dînaient dans des boîtes à musique en hauteur, d'autres dans des box au ras du sol ou sur un balcon en bois au-dessus du bar.

Lorsque Peter Ilic, le précédent propriétaire, acquit ce lieu en 2000, il s'agissait d'un pub miteux dans un coin désolé de Dalston : cafés bio et collectifs d'artistes n'avaient pas encore investi le quartier. « Il était au milieu de nulle part. Même les taxis ne venaient pas », explique Dragan, le nouveau propriétaire bourru.

Selon Ilic, la seule façon d'attirer des clients était d'adopter une déco extravagante. Autoproclamé « restaurant le plus excentrique de Londres », il pastiche une esthétique antique. Des bûches crépitent dans un sphinx géant, un buste doré est drapé de faux bijoux, Jésus et Toutankhamon regardent les clients depuis un coin de la salle. Les toilettes sont tapissées de scènes orgiaques photographiées par des adolescents gloussants. À l'entrée des toilettes des femmes, l'accueil est assuré par un nu sculptural en train de se masturber et un démon au membre (toujours d'aplomb !) amputé par un tisonnier.

À en juger par les autres clients, le LMNT est populaire pour les anniversaires et les blind dates. Les prix sont doux, surtout au déjeuner, mais les plats sont moins marquants que la déco. La terrine grasse de jarret surchargée d'origan se révéla immangeable. Trois tranches molles de jambon fumé étaient enroulées autour de feuilles de laitue défraîchies garnies de quartiers d'orange (et non d'orange sanguine comme l'indiquait le menu). Les plats de résistance relevèrent le niveau, mais l'agneau tendre dans sa réduction de vin rouge était affligé de haricots en boîte et le haddock fumé d'un coussin grumeleux de purée au chou (voire de purée tout court). Les dattes manquaient à l'appel dans le pudding au toffee.

Le service à la slave (« si vous n'êtes pas contents, c'est pareil », dixit Dragan) laisse à désirer. Aucune question malgré les assiettes à moitié pleines. « Je ne reviendrai pas pour le menu, admit mon amie. Mais la déco valait le déplacement ». Puisqu'elle vit au bout de la rue, je ne suis pas sûre qu'il s'agisse vraiment d'un compliment.

THE LOBSTER POT

3 Kennington Lane, SE11 4RG
- Tél. 020 7582 5556
- www.lobsterpotrestaurant.co.uk
- Ouvert du mardi au samedi de midi à 14 h et de 19 h à 22 h 30
- Accès : métro Kennington ou Elephant and Castle
- Prix élevés

Au royaume des crustacés

Du menu en carton en forme de pêcheur au WELCOME ABOARD (« Bienvenu à bord ») écrit sur le paillasson, tout est à l'enseigne de la mer au Lobster Pot (littéralement : « Marmite à homard »), l'un des restaurants de fruits de mer les plus sympathiques de la rive sud de Londres.

La salle du restaurant est aussi compacte qu'une cabine de bateau, avec ses murs recouverts de boiseries et ses filets de pêche suspendus au plafond. Il y a même des hublots à travers lesquels on voit nager de véritables poissons, tandis que des cris de mouettes ponctués du beuglement d'une corne de brume tiennent lieu de musique de fond.

À base de poisson, comme on l'aura compris, le menu est éminemment français. Tous les plats sont préparés au beurre : beurre brun, beurre au citron, ou à l'ail. Le cuisinier (et patron) Hervé Regent est un Breton bretonnant, mais Nathalie, sa femme (et son maître d'hôtel), est mauricienne, ce qui explique la présence de noix de coco et d'épices exotiques dans certains des plats.

L'« amiral » Regent est presque une caricature du Gaulois : cheveux de jais soigneusement lissés en arrière et une moustache qui m'a paru postiche. Quand je lui ai demandé s'il avait des ancêtres pêcheurs ou cuisiniers, il a haussé les épaules : « Pensez-vous, ma petite dame, je déteste ma mère et elle déteste le poisson. Essayez d'y comprendre quelque chose. »

Ouvert en 1991, le Lobster Pot jouit d'une clientèle royale qui s'est attachée à l'originalité de ce restaurant et à ses énormes plateaux de fruits de mer. Voir mon compagnon ingurgiter une demi-douzaine d'huîtres, un paquet de langoustines, une soupière de bouillabaisse et un demi-homard est un spectacle assez éprouvant pour quelqu'un d'allergique aux crustacés comme moi. Mais il a approuvé tout ce qu'il a dégusté.

LOUNGE BOHEMIA

43

1e Great Eastern Street, Shoreditch, EC2A 3EJ
- Tél. 07720 707000
- www.loungebohemia.com
- Ouverture du lundi au samedi de 18 h à minuit, le dimanche de 18 h à 23 h
- Accès : métro Old Street
- Prix modérés

> *Hymne souterrain aux années 1950*

Il faut du culot pour appeler un restaurant de kebab le « Savoy »… et pour créer un bar à cocktails ouvert uniquement sur réservation. Le Lounge Bohemia de Paul Tvaroh se cache sous le « Corner Savoy », kebab à emporter, mais ne comptez pas y pénétrer sans réservation. Grâce à ses règles (« costume interdit, station debout interdite »), ce bar calme attire une clientèle décontractée. Tvaroh, le propriétaire barbu et bourru originaire de Bohême, a mis des mois avant de trouver le lieu idéal. « Un jour, j'ai remarqué les volets, et je me suis demandé ce qu'ils cachaient… C'était un restaurant chinois abandonné, jonché d'ingrédients effrayants. Nous avons dû retrousser nos manches pour arriver au résultat actuel. »

Un couloir sombre décoré de journaux tchèques mène au temple secret des cocktails moléculaires et du design des années 1950. Le mobilier du bar appartenait à la grand-mère de Tvaroh. Les menus sont cachés dans de vieux livres, façon Prohibition. La serveuse apporte un trio de canapés insolites (peut-être une roulade de jambon poivré au pruneau ou un muffin à la mousse d'œufs de morue) aux clients en pleine hésitation devant la carte bien fournie. L'ambiance swing n'est jamais assourdissante : on vient ici pour parler sérieusement ou boire des cocktails originaux.

L'absinthe sous toutes ses formes côtoie des bières tchèques, liqueurs et eau-de-vie maison. Ce bar est sûrement le seul de Londres à servir du *slivovice* (alcool de prune) casher. Mais son réel intérêt est l'immense choix de sirops et infusions maison, pilier des « cocktails expérimentaux » de Tvaroh : infusion de vodka Stolichnaya aux graines de pavot ou cèpes, bourbon au jambon de la Forêt-Noire ou encore rhum au cigare… Les sirops sont parfumés aux copeaux de barils de Jack Daniel's, à la cannelle et à la violette de Parme.

La présentation théâtrale des cocktails moléculaires est aussi fascinante que leur extravagance. Le « Holy Smoke » (cognac au cuir, fumé à l'encens et à la myrrhe, servi avec une poignée en or) s'inspire des rois mages. L'« Afternoon Tree » est une sculpture complexe en barbe à papa à la *becherovka* (digestif tchèque aux notes de cannelle et clous de girofle). « On s'attend à ce que la barbe à papa soit sucrée, alors qu'elle est assez amère et piquante, explique Tvaroh. Je suis le seul bar à Londres où la machine à barbe à papa tient la vedette. Ma femme me dit que je suis obsessionnel ; je lui réponds que j'adore mon métier ».

LOWICZANKA

(44)

238-246 King Street, Hammersmith W6 0RF
• Tél. 0208 741 3225
• www.lowiczankarestaurant.co.uk
• Ouvert du lundi au vendredi de 12 h 30 à 15 h et de 18 h 30 à 23 h,
le samedi de 12 h 30 à 15 h et de 18 h 30 à minuit, le dimanche de
12 h 30 à 23 h Réservation indispensable le week-end. Concert le samedi
• Accès : métro Ravenscourt Park ou Hammersmith (15 minutes de
marche), bus 27
• Prix modérés

> *Escalopes viennoises sur la piste de danse*

Si vous adorez Boney M et les escalopes viennoises, le Lowiczanka est fait pour vous. Le bunker de béton de l'association culturelle polonaise (POSK), vestige de brutalisme soviétique autour duquel gravite la communauté polonaise de Londres, comporte la bibliothèque Joseph Conrad, un bar de jazz au sous-sol, un club privé au 4e étage et un restaurant au 1er étage, le Lowiczanka. À condition d'être assez courageux, chacun peut s'y rendre, mais nous étions les seuls non Polonais ce samedi soir.

Nous avons d'abord eu l'impression de nous retrouver dans le dîner dansant d'une croisière louche, au milieu de miroirs à dorure, de palmiers en pot et de bimbos. Lorsque le Fantasy Band (quatuor austère de Polonais bouffis) se mit à jouer, nous avons plutôt été transportés dans un mariage à Lodz. Une reprise de Chris Rea au synthé a drainé une vague de cinquantenaires sur la piste de danse. À minuit, même les septuagénaires en léopard et fourrure de la table d'à côté se déhanchaient sur du disco, de la pop polonaise et du violon frénétique. Le groupe a enchaîné sans souffler *My Bonny Lies over the Ocean* et *Guantanamera*. Le batteur fit même une imitation plutôt réussie de Louis Armstrong, une touche d'accent polonais en plus. « Ce doit être la version polonaise de *I will survive* », fit remarquer l'un de mes amis lorsque la foule se déchaîna.

Le menu reste bravement fidèle au thème des années 1970 avec ses crêpes, ses saucisses et ses escalopes viennoises qui pourraient nourrir une famille entière. Malgré d'inquiétantes photos de petits fours fluo vues en ligne, les plats sont étonnamment savoureux.

Nous nous sommes régalés d'un bortsch de chou à la saucisse avec bouillon de betterave (parfait pour préparer son estomac à la vodka). Carottes râpées, betterave et chou accompagnent des portions impressionnantes de rösti et goulasch, sans oublier les pierogi fourrés au fromage, pommes de terre, chou fermenté et champignons. Le clou du menu est l'oie rôtie à la cerise qui fondait sous la langue. Le riche strudel au pavot était accompagné de pêches en boîte.

En revanche, je n'ai toujours pas compris comment faisaient les autres clients pour danser après avoir autant mangé !

La seule fausse note ne vint pas de l'orchestre, mais des 60 £ mystérieusement ajoutées à l'addition. Notre serveuse confuse l'attribua à « la calculatrice » mais selon moi, le responsable pensait que nous avions bu trop de vodka pour nous en apercevoir.

MANDALAY

45

444 Edgware Road W2 1EG, 020 7258 3696
- www.mandalayway.com
- Ouvert du lundi au samedi de midi à 14 h 30 et de 18 h à 22 h 30
- Accès : métro Edgware Road
- Petits budgets

> **L'unique restaurant birman de Londres**

É garé entre les bars à chicha et autres salons de narguilé de Marble Arch et les petits restaurants chic de Maida Vale, Mandalay se présente comme l'unique restaurant birman de Londres. En réalité, on dirait plutôt une gargote de Rangoon, avec ses nappes en plastique tape-à-l'œil, ses posters décolorés de temples bouddhistes et le bouquet de roses artificielles sur le comptoir de la cuisine. Mais vous n'aurez qu'à ouvrir le menu plastifié pour vous rendre compte que vous êtes dans un endroit unique en son genre.

La cuisine birmane est un mélange d'influences thaïlandaises, chinoises et indiennes, mais en moins épicé, en moins gras et en moins riche.

Tous les plats – et autant de soupes, de samoussas, de currys et de sautés de bœuf ou de légumes – sont préparés dans une cuisine exiguë, qu'une cloison sépare de la salle du restaurant. Mandalay a ouvert ses portes en 1994 à l'initiative de deux frères originaires de Birmanie, Dwight Altaf et Gary Iqbal Ally, dont les épouses font la cuisine à tour de rôle. Les frères Ally ont d'illustres ancêtres : leur grand-oncle, le Dr Ba Maw, fut le premier Premier ministre de la Birmanie quand le pays devint une colonie britannique en 1937, et leur grand-tante la première Birmane à exercer des fonctions aux Nations unies. Les infâmes toilettes de l'arrière-cour ne témoignent pourtant guère de cette grandeur passée : à éviter si vous souhaitez garder l'appétit.

Les portions sont plutôt petites, mais les prix très raisonnables, les menus du déjeuner ayant d'ailleurs un excellent rapport qualité/prix. La liste des vins est rudimentaire (tenez-vous-en à la bière Tiger) et les desserts sont à déconseiller aux cœurs sensibles : gelée agar-agar effroyablement bleue ou encore *faluda* rose vif – une coupe glacée très prisée dans le Sud-Est asiatique, composée de glace, de tapioca, de gelée et d'un sirop rose.

La plupart de ces plats savoureux sont recouverts d'ail et d'oignons frits : ce n'est donc peut-être pas l'endroit idéal pour un rendez-vous galant, mais pour un repas décontracté et pas cher en famille, entre amis ou avec d'intrépides visiteurs de passage, Mandalay est une bonne adresse. Réservez à l'avance pour le dîner : il n'y a de place que pour 28 personnes.

THE MAYOR OF SCAREDY CAT TOWN

46

12-16 Artillery Lane, Spitalfields E1 7LS
• Tél. 020 7078 9639
• www.themayorofscaredycattown.com
• Ouvert du lundi au jeudi de 17 h à minuit (dernière entrée : 23 h),
vendredi et samedi de 12 h à minuit, dimanche de midi à 22 h 30
• Accès : métro ou gare de Liverpool Street
• Prix modérés

> *La porte
> d'entrée
> est dans le frigo*

À Londres, chaque bar clandestin affirme s'être inspiré du Please Don't Tell de New York, dont l'entrée est une cabine téléphonique dans une gargote. Le Mayor of Scaredy Cat Town ne prétend pas être un bar clandestin, mais son entrée est tout aussi originale : un réfrigérateur dans le Breakfast Club de Spitalfields.

Doublez la file d'attente pour les pains perdus et demandez à voir le maire. Dans le frigo se trouve un escalier sombre, éclairé par un néon qui indique « Thrills ». Au sous-sol, un petit bar chaleureux tout en briques apparentes et kitscheries américaines. Une tête d'élan est affublée d'un collier de fleurs ; un portrait de la Reine porte de vraies lunettes de soleil et des chaînes en or. La porte vers « la deuxième plus petite discothèque du monde » mène aux toilettes, qui rendent hommage aux années 1980 avec un collage de Smash Hits, Paul Young et Samantha Fox.

Le bar tire son nom d'un épisode d'une sitcom, mais pousse le concept un peu loin en qualifiant sa petite restauration de « pâtée pour chat ». Le menu, présenté dans une boîte de pâtée, regorge de plaisirs coupables (frites fromage-piment, ailes de poulets) destinés à séduire les clients ayant abusé des délicieuses Margarita piment-citronnelle. Parmi les cocktails maison, le Rosie and Gin (gin, jus d'ananas, romarin et citron vert) et le Basil-no-Faulty (vodka, liqueur de sureau, basilic et citron vert).

Avec ses 60 places, le bar ne prend pas de réservations, hormis pour le brunch.

Le brunch du week-end (servi jusqu'à 16 h et surnommé « les poils de chat ») est encore plus séduisant en cas de gueule de bois. L'œuf poché avec toast, avocat, bacon et piment est parfait. L'association improbable de pancakes au bacon, myrtilles et sirop d'érable est curieusement savoureuse. La plus belle réussite est le bar à Bloody Mary, avec des dizaines d'ingrédients allant du bacon au gingembre en passant par le jus de tomate maison.

Les clients doivent sortir par les toilettes du Breakfast Club et non par le frigo, et il faut évidemment prendre la règle de la maison très au sérieux : « Messieurs, laissez votre braguette ouverte pour plus de crédibilité. Mesdames, si vous pouviez laisser votre jupe dans votre culotte, nous vous en serions reconnaissants. »

MES AMIS

47

1 Rainville Road, W6 9HA
- Tél. 020 7385 5155
- Ouverture du lundi au samedi de 19 h à 23 h 30
- Accès métro Hammersmith (15 minutes à pied). Bus 295, 211, 190, 220
- Prix modérés (liquide uniquement)

Le régal des sens

À moins d'habiter le quartier ou de vous perdre en cherchant le River Café tout proche, vous n'irez pas dans ce petit restaurant libanais par hasard. L'intérieur extravagant est plus mexicain qu'oriental : des lanternes en verre et des ombrelles pendent des plafonds peints à la main. Instruments de musique, masques, peintures et plantes se disputent l'espace mural et des collections de flacons, théières et peluches occupent chaque recoin. Les tapis à motifs jurent avec les chaises à fleurs, la cheminée est peinte avec des couleurs primaires, les tables arborent des serviettes à pois, des nappes en brocart et des fausses fleurs et même le papier toilette affiche des papillons. Pour accéder aux toilettes psychédéliques, glissez-vous dans le salon aux murs de DVD et disques d'Elvis.

Cette décoration colorée est l'œuvre de James Ilyas, un Syrien arrivé en Angleterre à l'âge de 11 ans. Ce bâtiment était une ruine condamnée lorsqu'il s'y est installé il y a vingt ans. Soir après soir, Ilyas orchestre les opérations depuis sa minuscule cuisine ouverte au centre de la pièce. Arborant un pull lamé, une casquette en cuir et une moustache drue, il évoque un Village People sur le retour. Ilyas cuisine calmement avec les ingrédients frais des bols sur le comptoir. Deux lapins en peluche le surveillent depuis des bocaux de pickles.

La carte propose trois entrées et sept plats. « Impossible de deviner une telle qualité devant ce menu qui ressemble à celui du kebab du coin », roucoule mon ami alors que nous dévorons des *mezze*. Purée d'aubergines fumée, *samosa* finement épicés, taboulé moelleux et *kofte* juteuses disparaissent en un clin d'œil. Les plats de viande sont impressionnants. Le kebab de poulet est servi sur une montagne parfumée de couscous aux pois chiches, courgettes et champignons. Un steak haché d'agneau avec sauce yaourt-tomate, fourré à l'orange sanguine et au citron vert, ravit autant le palais que les yeux. Pas de carte des desserts, mais des petits *baklavas* offerts par la maison.

Notre charmante serveuse, Regina, travaille ici depuis l'inauguration. Le restaurant compte une poignée de tables et elle connaît bon nombre d'habitués. « Nous sommes désormais amis avec la plupart des clients », explique Ilyas, qui prépare souvent des plats spéciaux pour les habitués. Pas étonnant qu'il ait baptisé cet établissement délicieusement excentrique « Mes Amis. »

OFFICES
TO LET
PEARL & COUTTS
020 7843 3788
www.pearl-coutts.co.uk

57

NEW EVARISTO CLUB

48

57 Greek Street, Soho W1D 3DX
- Tél. 0207 437 9536
- Accès : métro Leicester Square ou Tottenham Court Road
- Ouvert de 17 h 30 à 1 h du matin tous les jours
- Petits budgets

Tout est possible chez Trisha

Rares sont les clubs privés de Soho où l'on laisse entrer le commun des mortels, mais ce tripot sans prétention est une exception. Rien à voir avec ces havres de luxe pour vedettes huppées que sont Soho House ou The Groucho : le bar au sous-sol est si exigu qu'il n'y a pas de place pour les ego disproportionnés.

Au premier coup d'œil, rien ne suggère l'existence d'un club à cette adresse. On y accède par une porte sans le moindre écriteau, au rez-de-chaussée d'un immeuble minable. Cherchez l'interphone où est écrit « Trisha/Evaristo Club ». Bien que le nom officiel de ce club privé soit The New Evaristo, la plupart des habitués l'appellent Trisha's (« chez Trisha », du nom de la propriétaire, Trisha Bergonzi), ou encore The Hideout (« le repaire »). Le week-end, il y a d'ordinaire un portier à l'extérieur, que l'on peut en général baratiner pour entrer même si l'on n'est pas membre. Il vous demande parfois de signer le livre d'or et de verser un droit d'entrée d'une ou deux livres sterling, mais il peut aussi vous laisser passer d'un simple signe de la main.

Un escalier à la moquette poisseuse conduit ensuite à une salle qui semble un repaire de la mafia des années 1960. Les murs sont à moitié revêtus de faux panneaux de bois comme dans un chalet. Le reste de l'espace est recouvert d'une peinture citron vert, de photos de boxers, de clients privilégiés et de légendes italiennes telles que Frank Sinatra, Don Corleone et le pape. Il y a là quelques tables et quelques chaises branlantes, un petit comptoir en formica derrière lequel des barmen rabougris servent du vin bon marché et de la bière chaude.

Le week-end, mieux vaut arriver très tôt ou très tard. Lorsque les pubs des environs ferment, toute une faune interlope s'entasse chez Trisha. Il arrive qu'une vedette fasse son apparition, mais personne ne semble s'en rendre compte. Avec un peu de chance, vous verrez un crooner de jazz ou un groupe de rock se glisser dans un coin pour improviser quelques airs. L'absence de piste n'empêche pas le public de se déchaîner.

Il n'y a qu'un W.-C. délabré et un coin fumeur exigu dans la cour où vous ne manquerez pas de vous faire des amis – ou plus : tout est possible chez Trisha.

AUX ALENTOURS

ALGERIAN COFFEE COMPANY

(52 Old Compton Street, Soho W1D 4PB ; Tél. 0207 437 2480 ; www.algcoffee.co.uk)
Fondé en 1887, ce grand magasin de café traditionnel a conservé en grande partie son prodigieux intérieur victorien. Outre une gamme de plus de 80 cafés, quelque 120 thés et toutes sortes de friandises à emporter, on y sert, au comptoir en bois patiné, l'*expresso* et le *cappuccino* les moins chers, sinon les meilleurs, de Londres.

NICE GREEN CAFÉ

49

Cecil Sharp House, 2 Regent's Park Road, Camden NW1 7AY
- Tél. 07779 026052
- www.efdss.org
- Ouvert tous les jours de 10 h à 19 h 30 (plus tard en cas de soirée ou de concert)
- Accès : métro Camden Town ou Chalk Farm
- Petits budgets

Gâteaux et ceilidhs

« **A**ttends-toi à du folklore », m'avait averti mon compagnon alors que nous approchions de Cecil Sharp House, siège de l'association anglaise de danses et chants traditionnels. Construit dans les années 1930, ce bâtiment discret en brique est doté d'un joli jardin clos pensé comme un théâtre. À l'intérieur, apprentis comédiens et musiciens hirsutes font vibrer les salles de répétition. Au programme : cours et spectacles de claquettes des Appalaches, de danse populaire ou de bluegrass... Un habitué qualifie la soirée ceilidh du vendredi de « capharnaüm ».

Lors de notre visite, un grand groupe répétait dans la salle Kennedy dont nous avons brièvement admiré la fresque de danseurs en Arcadie, œuvre colossale d'Ivon Hitchens. Les chœurs nous suivirent jusqu'au café en sous-sol, où des adolescentes en guêtres se régalaient de sandwiches brie-pomme. Pastels, pois, théières surannées et présentoirs à gâteaux nous plongèrent dans une version vintage de *Fame*. Avec son comptoir décoré de fanions et ses boîtes à l'ancienne, le café est rustique sans mièvrerie.

Tindale enseignait la cuisine aux écoliers et vendait des glaces bio dans son Nice Green Van avant de s'installer ici en 2010. Trois ou quatre plats du jour complètent sa carte de sandwiches et de tourtes salées. Des petits pains complets encore chauds accompagnaient une soupe de patate douce et carotte et un généreux ragoût de pois chiches. Les ingrédients, généralement bio, sont sélectionnés avec soin. Tindale a ressuscité le jardin potager créé pendant la Deuxième Guerre mondiale. Bières et vins sont servis lorsque le bar voisin est fermé. Et n'oublions pas les gâteaux, toujours au menu : « Lorsqu'un orchestre de 150 personnes débarque, mieux vaut avoir du répondant », explique Tindale.

Sur chaque boisson, 10 pence reviennent au service de livraison à vélo du café, qui apporte des repas chauds aux personnes âgées.

AUX ALENTOURS

FERREIRA DELICATESSEN
(40 Delancey Street, Camden NW1 7RY ; Tél. 020 7485 2351)
Tous les midis, une longue file d'attente signale cette petite boutique accueillante. La foule se déplace pour les sandwiches géants et leurs excellentes garnitures portugaises, que l'on retrouve au coin traiteur : fromage des Açores, saucisses épicées, chorizo fumé... Sans oublier les divines tartes au flan, évidemment.

NO 67

50

South London Gallery, 67 Peckham Road, Peckham SE5 8UH
- Tél. 020 7252 7649
- www.number67.co.uk
- Ouverture le mardi de 8 h à 18 h 30, du mercredi au vendredi de 8 h à 23 h, le samedi de 10 h à 23 h, le dimanche de 10 h à 18 h 30
- Accès bus 12, 36, 436, 345, 171
- Prix modérés

L'art de la table

Tracey Emin fit ses débuts à la South London Gallery, mais que cela ne vous empêche pas d'aller découvrir cette galerie novatrice et son fantastique café à Peckham. Tout comme la Whitechapel Gallery, la South London Gallery est l'œuvre de philanthropes victoriens qui souhaitaient cultiver les classes ouvrières. Hormis l'école d'art de Camberwell, le quartier reste un désert culturel.

Les restaurants sont tout aussi rares : sans surprise, les riverains ont adopté le No 67, le café de la nouvelle aile de la galerie, une discrète maison victorienne reconvertie. « Le bâtiment est fait pour ressembler à une maison. C'est idéal pour une galerie, moins pour un café », explique Nick Hurdman, le jeune chef. Dans la petite salle intime, les lustres éclairent chaleureusement les tables en bronze et les éléphants aux murs.

L'atmosphère décontractée correspond parfaitement à la cuisine, qu'Hurdman qualifie modestement de « cuisine maison revisitée ». Avec son amie Sam, qui cuisine en journée, il concocte des petits déjeuners et des gâteaux désormais cultes. Curieusement, rares sont ceux à savoir que le café est aussi ouvert du mercredi au samedi soir. La galerie reste ouverte jusqu'à 21 h le mercredi et le dernier vendredi du mois, pour une dose de culture avant le dîner. En été, on mange dans un patio secret.

Le menu, toujours de saison, change « selon les coups de tête ». Tâchez de ne pas vous jeter sur le succulent pain : les portions sont imposantes. La salade de chicorée et trévise caramélisées, feta, grenade et noix mêlait à merveille croustillant, craquant, piquant et sucré. La soupe de panais à l'huile de truffe et sa gougère chaude au cheddar étaient parfaites en ce lundi soir glacial. Le bar au chou-fleur rôti en croûte de câpres et sauce romesco festive avait le goût des vacances en Espagne. La betterave au curry, avec ses galettes de pois chiches et sa raïta, prouve que les plats végétariens sont loin d'être symboliques. « Malgré la cuisson et la présentation parfaites, l'ensemble n'est pas guindé », conclut mon ami en finissant une délicieuse tarte aux noix de pécan. Seules les sirènes intermittentes nous rappellent que nous sommes à Peckham. Le No 67 est un savoureux restaurant de quartier. Dommage qu'il soit dans ce quartier-là. Sauf si vous y habitez, bien sûr.

OCTOBER GALLERY

24 Old Gloucester Street, Bloomsbury WC1N 3AL
- Tél. 020 7242 7367
- www.octobergallery.co.uk
- Ouverture Café : du mardi au vendredi de 12 h 30 à 13 h 30.
Galerie : du mardi au samedi de 12 h 30 à 17 h 30. Fermé en août
- Accès : métro Holborn ou Russell Square
- Petits prix

Chef-d'œuvre iranien

Pendant une petite heure, à l'heure du déjeuner, ce lieu consacré à l'art contemporain du monde entier se transforme en salle à manger, où un menu oriental renouvelé chaque jour tient la vedette. Khosrow Jalavind, dit « Kes », le chef iranien, propose un bel éventail de cinq ou six plats persans : riz grenade-pistache, poulet sauce noix-grenade, légumes vapeur au safran, aubergines grillées épicées, purée crémeuse lentilles-fenouil, avec de la sauce yaourt, estragon et échalote. Comptez 7 £ pour ce festin de saveurs riches mais subtiles, jus de fruit et petite salade compris. Pas étonnant que les habitués préfèrent garder ce lieu secret.

« Dans l'armée iranienne, ma première tâche fut de nourrir 400 soldats en moins d'une heure », se rappelle Kes. Nourrir 25 ou 30 convives doit sembler bien reposant en comparaison. « Effectivement, mais refuser des clients parce que notre stock est épuisé me fend le cœur » (venez tôt pour mettre toutes les chances de votre côté).

Kes a appris à cuisiner alors qu'il était en poste dans un village dans le désert, en tentant de tirer profit des quelques ingrédients disponibles. « J'étais le seul à savoir cuisiner : le vendredi, je faisais un grand repas pour la troupe ».

Chimiste de métier, il s'est installé en Angleterre pour fuir le régime. « Grâce à mes connaissances en chimie, je mélange les ingrédients afin que saveurs et textures soient en harmonie. » S'il fait beau, le repas est servi dans la belle cour intérieure, oasis ombragée aux pavés rouges et noirs.

Le bâtiment, qui date de 1863, était à l'origine une école de l'Église d'Angleterre. Le jardin donnait sur l'Ospedale Italiano, hôpital fondé pour les immigrants italiens de Soho. Les jeunes filles devaient garder les yeux baissés pour ne pas voir les patients en pyjama. Lorsque l'October Gallery s'installa ici en 1979, le bâtiment tombait en ruine. Chilli Hawes, le premier directeur, découvrit dans la cave une pharmacie et des passages souterrains, dont la légende veut qu'ils aient été utilisés pour apporter de la nourriture au roi George III alors qu'il était interné à Queens Square. Pour soulager les souffrances endurées par son époux, la reine Charlotte entreposa ses mets favoris dans la cave d'un pub à proximité, baptisé The Queen's Larder en son honneur.

ODIN'S

52

27 Devonshire Street, W1G 6PL
- Tél. 020 7935 7296 • www.langansrestaurants.co.uk
- Ouvert du lundi au vendredi de midi à 14 h 30 et de 18 h 30 à 23 h,
le samedi de 18 h 30 à 23 h et le dimanche de midi à 16 h
- Accès : métro Great Portland Street
- Prix modérés/élevés (environ 40 £ par personne mais les menus fixes
ont un bon rapport qualité/prix)

> **Une collection unique d'œuvres d'art du XXᵉ siècle**

Seul le menu dessiné à la main fait référence à la prodigieuse collection d'œuvres d'art que l'on peut contempler à l'intérieur du restaurant Odin's. Jusque dans leurs moindres recoins, les murs sont en effet recouverts de dessins et de peintures d'artistes tels que David Hockney, Patrick Procktor, R.B. Kitaj et Laura Knight. Dont une série de portraits où l'on reconnaît les traits passablement chiffonnés de Peter Langan, le pétulant Irlandais qui acheta ce restaurant en 1966. Odin's, mais aussi Langan's Bistro, l'établissement plus petit et moins formel qui le jouxte, se vit offrir des tableaux d'artistes alors en pleine ascension en échange de déjeuners bien arrosés. Prodigieusement démodé et pourtant désespérément romantique, Odin's est un restaurant qui vous fait remonter le temps. Aux murs, des appliques diffusent une lumière tamisée sur des nappes et des serviettes amidonnées. Pas de musique d'ambiance, on n'entend que les tintements des couverts en argent massif sur de la vieille porcelaine et le ronronnement des habitués amateurs de bonne chère. L'un des deux fondateurs, l'acteur Michael Caine, recevait ici sa cour. Mais l'association tourna mal, au point que Langan qualifia Caine de « minus à la mauvaise haleine ». À quoi Caine répliqua que « la conversation est plus intéressante avec un chou-fleur qu'avec Langan ». L'unique propriétaire est aujourd'hui Richard Shepherd, qui a obtenu une étoile au Michelin après s'être associé à Langan en 1977.

Le menu anglo-français est un hommage à cette époque haute en couleur. « Non, le chef n'a pas arrêté d'innover il y a trente ans », nous a rétorqué notre serveur, Rocky (qui s'appelle en fait Radovan). « La clientèle aime nos spécialités, alors pourquoi devrions-nous en changer ? »

Contre toute attente, la nourriture est excellente et bien que le décor n'ait guère changé, l'ambiance est beaucoup plus paisible qu'à l'époque de Langan. Celui-ci buvait, paraît-il, une demi-douzaine de bouteilles de champagne par jour, et il lui arrivait de vomir sur ses clients, de couper leurs cravates et de s'écrouler, ivre mort, sur les tables.

Il aimait interroger les femmes sur leurs préférences sexuelles quand il ne marchait pas à quatre pattes sous les tables pour leur mordiller les chevilles. Notre serveur nous a raconté que Langan est mort accidentellement alors qu'il essayait d'allumer un cigare en buvant de la *sambuca* flambée. En réalité, cet excentrique tentait de mettre feu à sa femme, dont il était pourtant séparé, après l'avoir attirée dans un cagibi rempli d'essence en lui promettant je ne sais quelle prouesse sexuelle.

OSLO COURT

OSLO COURT

Charlbert Street, St John's Wood, NW8 7EN
- Tél. 020 7722 8795
- Ouvert du lundi au samedi de midi à 14 h 30 et de 19 h à 23 h, fermé le dimanche et pendant tout le mois d'août
- Accès : métro St John's Wood
- Prix élevés

La vie en rose

Oslo Court est un authentique parc à thème des années 1970, enchâssé dans une tour d'habitation des années 1930. Dépourvu d'enseigne et de site web, ce restaurant n'a jamais cherché à se faire connaître. Ce qui ne l'empêche pas d'être souvent bondé à l'heure du déjeuner.

Après s'être embrouillé dans votre réservation (« Vous vous appelez Gaul ? Paul ? Ah ! Hall ! »), un serveur attentionné vous ouvrira la voie. Le décor rose vif est un véritable hymne à la salade de crevettes, qui figure d'ailleurs régulièrement dans le copieux menu. Vous aurez l'embarras du choix face à un assortiment de douzaines de hors-d'œuvre et de plats de résistance, sans compter les innombrables plats du jour, qui semblent toujours les mêmes. Chacun de ces plats est un vestige d'une époque révolue : pamplemousse rose au sucre roux et au sherry, bœuf Wellington, steak Diane, canette grillée dans un coulis de liqueur de cerise, ainsi que d'effrayants mélanges tels que des crêpes aux fruits de mer à la sauce au fromage.

Les prix sont fixes (£31,50 le déjeuner et £42,50 le dîner), mais, à l'instar d'une matrone juive, on vous sert des portions gigantesques jusqu'à ce que vous explosiez. Ça commence par des crudités à la mayonnaise, des petits pains chauds beurrés et une soupière de soupe de poisson, suivis d'une sole de Douvres et d'une quantité de légumes. Il n'y a que les toasts « Melba », au fond, qui sont décevants : ils ont un goût de pantoufle en cuir.

Les frères Tony et José Sanchez, qui ne cachent nullement leur origine espagnole, dirigent ce restaurant depuis 1982 avec l'aide de leur famille nombreuse. La prononciation et le débit du maître d'hôtel portugais sont pour le moins déconcertants, sinon improbables (ils auraient enchanté Joyce ou Queneau), mais le service est remarquablement efficace et toujours accompagné de plaisanteries à outrance. C'est José qui mène la danse. Il vous met à l'aise dès les présentations avec une de ses fameuses boutades : « Ma femme est mariée, mais je suis célibataire. »

Quand le serveur apporte le dessert en se dandinant, tout boudiné dans son gilet brodé, nous avons beau protester que nous n'en pouvons plus : « Allez, papa ! » dit-il à mon compagnon, plus jeune que moi. « Vous n'allez pas refuser quelques framboises ? une tranche de *pavlova* pour la route ? » Neil (« Je crois que c'est un nom de théâtre, il est russe », nous confie la pétillante serveuse en chef Maria Sanchez) sert ces mêmes répliques depuis plus de trente ans.

PALM PALACE

54

80 South Road, Southall, UB1 1RD
- Tél. 020 8574 9209
- www.palmpalace.me.uk
- Ouvert du lundi au jeudi de midi à 23h, les vendredi, samedi et dimanche de midi à 23 h 30
- Accès : Gare de Southall
- Petits budgets

**" Spécialités
sri lankaises**

Southall est une ardente petite enclave du sous-continent indien à la lisière occidentale de Londres. Broadway, la grand-rue, abonde en épiceries, en grossistes spécialisés dans les saris à paillettes et en marchands ambulants en faction devant des cuves où grésillent des beignets triangulaires (*samoussas*), aux légumes (*pakoras*) ou confits (*zelabia*). Parmi les magasins de breloques tape à l'œil et les restaurants penjâbis qui bordent South Road, le Palm Palace ne paye pas de mine. Décorée de nappes brillantes et de misérables roses en plastique, cette cantine sri lankaise vous promet des « saveurs paradisiaques » sur son site web. Si vous avez un faible pour la cuisine tamoule et un palais en téflon, vous vous y sentirez en effet comme au paradis.

Palm Palace est l'un des rares endroits de Londres où l'on peut déguster des *appam* (*hoppers* en anglais) préparés le jour même : ces crêpes en forme de bol, à base de farine de riz et de lait de coco, ressemblent à des *paratha* (pains arabes), mais en plus léger, avec la texture des blinis ; on les utilise pour ramasser et absorber des currys fumés de Ceylan, de brûlants *sambols* (sauces aux oignons, tomates et poivrons à la mode sri-lankaise) et du *kothu* (un hachis de viande, de légumes, de rôti et de restes d'*aka* mélangés et fris).

Toujours souriants, les serveurs prennent le temps de vous décrire les plats les plus obscurs. Nous avons eu beau demander des plats pas trop relevés, tout ce qu'on nous a servi était excessivement épicé, mais délicieux et bon marché.

Le menu est criblé d'inventions orthographiques qui régaleront les anglophiles. La prochaine fois, j'essaierai la mystérieuse sucette au poulet (*chicken lollipop*) et le *chicken 65* (un poulet vieux de 65 jours, semble-t-il, mariné dans une sauce aux piments rouges, au *masala* et au gingembre, et recouvert d'oignons frits).

LE PREMIER PUB DU ROYAUME-UNI À ACCEPTER LES ROUPIES INDIENNES

En *Hinglish* (sabir mêlé de hindi et d'anglais), se sentir « *glassy* » signifie que vous avez envie d'une pinte de bière. Il est possible que cette expression dérive du Glassy Junction, « pub penjâbi connu dans le monde entier », de l'autre côté de la rue, où l'on sert de la Cobra et de la Kingfisher en fût tandis que des écrans plasmas diffusent les succès de Bollywood et des clips de musique pop Bhangra, caractéristique du Penjâb. Pratique s'il vous reste des roupies à dépenser ; amusant quoi qu'il en soit (97 South Road, Southall, UB1 1SQ ; Tél. 020 8574 1626 ; www.glassyjunction.co.uk).

PAOLINA'S

55

181 Kings Cross Road, Kings Cross WC1X 9BZ
- Tél. 0207 278 8176
- Ouvert du lundi au vendredi de 12 h à 15 h et de 18 h à 22 h, le samedi de 18 h à 22 h. Fermé le dimanche
- Accès : métro Kings Cross
- Petits budgets

Nouilles piquantes

J'ai habité au coin de cette rue pendant deux ans et j'ai dû prendre au moins cinquante repas dans cette gargote. Mon voisin d'immeuble, lui, n'en avait jamais entendu parler, bien qu'il ait passé une dizaine d'années dans le quartier.

Il est vrai que Paolina's n'est pas le genre d'endroit qu'on remarque au premier coup d'œil. Comme on a tendance à ne pas s'attarder sur cette portion assez minable de Kings Cross Road, rien d'étonnant à ce qu'on manque souvent la devanture jaune décolorée de ce petit restaurant à l'enseigne branlante et qui plus est dessinée à la main. Et il ne suffit d'ailleurs pas de jeter un coup d'œil à l'intérieur pour avoir envie d'y prendre un repas : la cuisine en pagaille, à l'entrée, annonce un boui-boui plutôt louche.

Frayez-vous pourtant un chemin parmi les cuisiniers souriants, qui transpirent devant des marmites de nouilles bouillantes, et vous découvrirez une toute petite salle de restaurant dissimulée au fond de l'établissement (les toilettes sont encore plus minuscules et peuvent se vanter d'être sans doute les plus petites de Londres). Avec ses murs recouverts de boiseries, sans fenêtres, ce restaurant thaï est particulièrement réconfortant quand il gèle dehors. On dirait que les fleurs en plastique, les tables en formica et les portraits de la famille royale thaïlandaise sont là depuis les années 1970, alors qu'en fait l'établissement a ouvert ses portes en 1996. Auparavant, il y avait là un bistrot italien dont la patronne s'appelait justement Paolina. Les nouveaux propriétaires ne se sont pas donné la peine de changer le nom, d'autant qu'ils n'avaient pas les moyens de s'offrir une nouvelle enseigne. C'est en réalité Celia (qui prétend que son véritable nom thaïlandais est imprononçable) qui dirige la boutique depuis lors.

La plupart des clients, dans une ambiance amicale, animée et décontractée, sont des habitués qui ont élu ce restaurant pour son authentique *pad thaï* (nouilles thaï sautées) et pour la qualité d'un service on ne peut plus affable. Paolina's est une entreprise familiale, et les plats sont à l'avenant.

Enfin, Paolina's est un des rares restaurants de Londres où l'on dîne remarquablement bien pour 10 £ par personne. Vous pouvez même venir avec votre bouteille d'alcool (droit de bouchon 50 pence).

PASHA KYRGYZ KAZAKH RESTAURANT **56**

Pasha Hotel, 158 Camberwell Road, SE5 0EE
- Tél. 0207 2772228
- www.hotelpasha.com
- Ouvert du lundi au vendredi de 18 h à 23 h, le week-end de 13 h à minuit
- Accès : métro Elephant & Castle (15 minutes de marche) ou bus 148, 12, 35, 45
- Petits prix

> **Une cantine orientale**

Walworth Road refuse obstinément de s'embellir. À l'angle de Camberwell Road, cette rue n'est que traiteurs chinois, églises évangéliques, instituts de beauté et gargotes. Difficile d'imaginer pourquoi des touristes voudraient venir ici, mais les propriétaires kirghizes de l'hôtel Pasha sont optimistes. « Suivez le tapis rouge pour recharger vos batteries, aiguiser vos sens et poursuivre votre voyage », promet mystérieusement la brochure.

La réception, décorée de savon noir et d'éponges de mer, est à mi-chemin entre un motel et un salon de massage. Rien n'indique la présence d'un restaurant, caché au bout d'un couloir de chambres « décorées avec goût », après un hammam et une exposition de costumes kirghizes qui seraient parfaits sur la danseuse orientale qui se produit le vendredi et le samedi (avec concert) à 20 h.

Au milieu de la salle décorée de tapisseries colorées, une passerelle enjambe un bassin où nagent quelques poissons. On s'assied sur des divans garnis de coussins (ne venez pas en minijupe !). La pop d'Asie centrale est entrecoupée du fracas des trains tout proches.

Inspiré de la route de la soie, le menu nous emmène au Kirghizstan, au Kazakhstan et au Turkménistan, au gré des imams bayildi ou des harengs marinés arrosés de vin géorgien et de bière russe. La viande et les plats consistants (kebabs, nouilles et beignets) tiennent la vedette. Certaines spécialités, comme la langue d'agneau et la roulade de poulet aux pickles, sont réservées aux aventuriers gastronomiques.

Nos entrées sont décevantes. L'olivie (salade de bœuf bouilli, pommes de terre et œufs à la mayonnaise) « me rappelle la cantine », assène mon ami. Mes feuilles de vignes farcies sont molles et fades. La suite nous redonne le sourire. Les manti (beignets) de bœuf et oignons, servis avec de la crème et une succulente sauce tomate, sont préparés à la demande mais méritent l'attente. Le lagman, le pendant kirghize des spaghettis bolognaise (nouilles maison et émincé de bœuf épicé), est réussi et le plov, pilaf de carottes épicées et agneau rôti, est bien meilleur que sur le papier.

On reviendra pour le service agréable, les prix imbattables et la déco splendide.

PAUL ROTHE & SON

57

35 Marylebone Lane, Marylebone, W1U 2NN
- Tél. 020 7935 6783
- Ouvert du lundi au vendredi de 8 h à 18 h, le samedi de 11 h 30 à 17 h 30 ; fermé le dimanche
- Accès : métro Marble Arch ou Bond Street
- Prix modérés

> *Pour remonter le temps l'espace d'un après-midi*

Il est difficile de résister au charme d'un café dont la devanture arbore un grand écriteau où l'on peut lire : HOT SOUP. Dans ce fabuleux établissement d'une autre époque, la soupe en question est immanquablement délicieuse, qu'il s'agisse d'un velouté aux poireaux et aux pommes de terre ou d'une soupe thaï épicée au poulet. Servi dans de jolis bols à l'ancienne, accompagné d'un petit pain beurré et croustillant, le potage est aussi réconfortant que les employés qui vous le servent, toujours souriants et vêtus d'une tenue blanche.

Le charme de ce café désuet, qui fait aussi office de traiteur, tient à la fois à son personnel et à la qualité supérieure de ses produits. Fondé en 1900, il appartient à la famille Rothe depuis quatre générations, c'est-à-dire depuis que le grand-père de l'actuel propriétaire a remonté l'estuaire de la Tamise à bord d'un bateau qui transportait du charbon. « À l'époque, il n'y avait que trois épiceries fines (*delicatessen*) à Londres. Les gens arrivaient des quatre coins de la ville pour acheter des miches de pain de seigle », raconte Paul Rothe, qui prépare d'excellents sandwiches derrière son comptoir depuis 1969.

Le pain de seigle ukrainien attire toujours autant d'inconditionnels, qui viennent parfois de très loin. En dépit de l'embourgeoisement inéluctable du quartier de Marylebone, Paul Rothe & Son est parvenu à préserver son charme suranné d'épicerie de village. Les murs recouverts de planches de bois sont garnis de friandises traditionnelles qui évoquent les fêtes pour enfants et les pique-niques familiaux : pots de chutney et de pickles, conserves et confitures d'oranges, crème de citron, moutarde à l'anglaise, bonbons à la menthe et caramel des Highlands.

Sur place ou à emporter, le menu consiste en un buffet scandinave dont les douceurs combleront les nostalgiques en phase terminale : sandwiches aux concombres et à la *marmite* – cette pâte à tartiner typiquement britannique –, bœuf salé, petit sandwich rond à la moutarde et au fenouil macéré dans du vinaigre, une tasse de *Bovril* (bouillon de bœuf), une tranche de tarte au caramel. Quelques articles exotiques méritent leur réputation, à commencer par le *liptauer* autrichien (fromage blanc au paprika, à la ciboulette et aux câpres) et les sandwiches *kummelkase* (stilton, graines de cumin et fromage blanc).

Commandez au comptoir et installez-vous dans l'un des compartiments en formica aux sièges pliants en similicuir. Une manière fort civilisée de remonter le temps l'espace d'un après-midi.

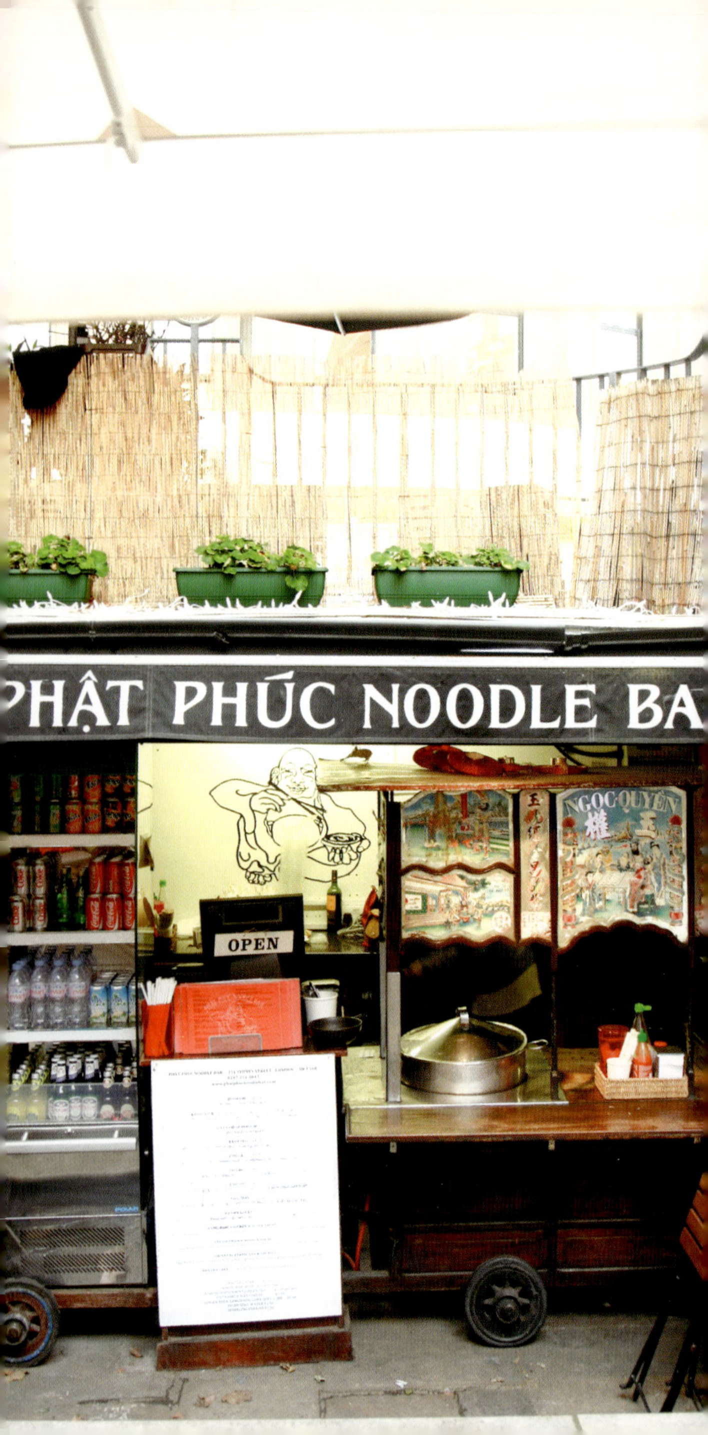
PHẬT PHÚC NOODLE BA
OPEN

PHAT PHUC

58

151 Sydney Street, Chelsea, SW3 6NT
- Tél. 020 7351 384
- www.phatphucnoodlebar.com
- Ouverture du lundi au samedi de 11 h à 17 h
- Accès : métro South Kensington ou Sloane Square
- Petits prix

" Sur la route du pho

J e pensais qu'à Londres, la palme du nom le plus farfelu revenait au restaurant l'Uncle Wrinkle. Et puis j'ai découvert le Phat Phuc. Ce bar à nouilles vietnamien est bien plus savoureux que son nom. Juste à côté du marché de Chelsea, il attire une clientèle inévitablement BCBG… mais que cela ne vous décourage pas non plus.

Bien avant que Londres ne se découvre une passion pour la cuisine de rue, cette cantine en plein air servait des bols de nouilles fumants à des blondes parfumées. Cachée en contrebas de la rue, cette cambuse décorée de lanternes en papier a été ramenée de Saigon. Le petit menu fait la part belle au *pho*, un bouillon réparateur à base de légumes et vermicelles au poulet, bœuf ou tofu, si cher à la cuisine de rue vietnamienne.

Traditionnellement servi au petit déjeuner, le *pho* est particulièrement efficace contre la gueule de bois (bien plus qu'un petit déjeuner anglais, et sans effets secondaires). Ici, il réconforte également après un après-midi glacial sur King's Road. Les soirs d'été, assis devant une bière, on se croirait en vacances en Asie (bien que les parasols protègent davantage de la pluie que du soleil londonien). Et à la lumière de l'addition, généralement sous les 10 £, le nom prend tout son sens : « Phat Phuc » signifie « Bouddha heureux ».

L'intérêt du lieu réside en partie dans le fait de s'asseoir au comptoir pour voir le chef préparer sous nos yeux les soupes dans un chaudron géant, embaumant la coriandre, le citron vert et la sauce de soja. On peut faire grimper le mercure en trempant ses ingrédients dans de jolis petits bols de sauce pimentée impitoyable. Les autres plats sont tout aussi succulents : *bánh cuòn* (rouleaux de printemps aux crevettes ou tofu), *bánh xeo* (crêpes vapeur au canard croustillant sauce hoisin) et *laksa* aux crevettes, lait de coco et citronnelle. Les portions sont gargantuesques, au point que je n'ai jamais pu goûter le gâteau à la banane.

Au-dessus de la caisse, des photos des propriétaires radieux aux côtés de Kevin Bacon et Orlando Bloom. L'ex-Spice Girl Geri Halliwell serait même venue ici. Mais ces célébrités de passage n'ont probablement jamais obtenu leur carte VIPP (*Very Important Phat Phuc*), garantie d'une remise de 10 % aux clients fidèles. Et si tous ces bols de nouilles géants commencent à peser sur la balance, n'hésitez pas à acheter un T-shirt estampillé Phat Phuc.

LE PHOENIX ARTIST CLUB

59

1 Phoenix Street, Covent Garden WC2H 0DT
• Tél. 0207 836 1077 • www.phoenixartistclub.com
• Ouvert du lundi au samedi de 17 h à 2 h du matin
• Accès autorisé aux membres du club uniquement après 20 h. Entrée interdite à partir d'une heure du matin. La cotisation annuelle s'élève à £120 la première année, £50 par la suite (certains syndicats et associations bénéficient de réductions). Entrée gratuite si l'on est invité par un membre du club • Accès : métro Leicester Square ou Tottenham Court Road • Prix modérés

> *« Toute personne ayant le moindre scrupule a tout intérêt à ne pas s'aventurer dans ce redoutable club »*

Voici peut-être le seul bar londonien où Kate Moss s'est fait mettre à la porte parce qu'elle dansait sur les tables. Maurice Huggett, le patron, est loin d'être prude, mais il n'aime pas qu'on fasse le pitre au Phoenix : la clientèle est tenue de respecter les règles. C'est Huggett qui commande, comme vous le fait d'emblée comprendre sa carrure.

Amateur de gilets extravagants, Huggett dirige ce club excentrique pour acteurs et animateurs de spectacles (qu'il appelle avec humour son « *living room* ») depuis l'an 2000. À la fin des années 1970, ces anciennes loges du Phoenix Theatre furent d'abord reconverties en un bar à vin par un couple d'Italiens dont on a oublié le nom depuis belle lurette. Dans l'ensemble, le décor d'origine n'a guère changé : panneaux de vitraux illustrant les théâtres de Londres, carreaux décorés au plafond, portraits de vieilles vedettes de music-hall, ainsi qu'une charmante peinture de Sophia Loren adolescente. À quoi l'on a récemment ajouté des masques et des accessoires de mise en scène, des photographies signées par des stars de feuilletons télévisés et des affiches de comédies musicales : un hommage à une clientèle qui provient essentiellement du monde du théâtre.

À la portée de toutes les bourses, le Phoenix est l'antithèse des clubs snob et guindés de Soho. Ce n'est pas un *must* où l'on s'affiche, mais un club où l'on s'amuse. Le barman connaît tous les habitués et la plupart d'entre eux semblent se connaître. La musique de fond – airs de music-hall ou bandes-son originales – n'empêche nullement la conversation, même si l'on peut tomber par hasard sur une reprise en chœur d'une chanson improvisée par la célèbre soprano galloise Charlotte Church, ou sur un pianiste octogénaire qui se régale en redécouvrant ses standards de jazz préférés.

Aujourd'hui, le Phoenix est l'un des rares endroits à Londres où l'on peut toujours boire un verre après l'heure de fermeture. « Quand j'ouvre la porte, je ne sais jamais sur qui je vais tomber, déclare Huggett. De l'acteur en herbe à la star la plus glamour, du lord au politique, jusqu'aux membres de la famille royale et de l'armée britannique, tout le monde vient ici, à l'exception des paparazzi. »

Attention : comme le dit un habitué dont les propos sont gravés à l'entrée : « Toute personne ayant la moindre appréhension ou le moindre scrupule a tout intérêt à ne pas s'aventurer dans ce redoutable club. »

PLATFORM

60

Studio 207 - 2e étage, Netil House
1-7 Westgate Street, London Fields, E8 3RL (sonner au 207 s'il n'y a
personne)
• Tél. 0203 095 9713 • www.platformlondonfields.com
• Ouvert du lundi au jeudi de 8 h 30 à 20 h, le vendredi de 8 h 30 à 1 h
et le samedi de 16 h à 1 h
• Accès : bus 55, gare de London Fields
• Prix modérés (liquide uniquement)

"

***Chambre
avec vue***

Nous avons débarqué au beau milieu d'une séance photo en cherchant cette caféteria secrète qui se transforme en bar le week-end venu. Coincé entre le Broadway Market et Mare Street, Netil House est sans intérêt de l'extérieur : morne immeuble de bureaux des années 1960, il fut tour à tour faculté, antenne municipale et squat avant de sombrer dans dix ans de vétusté. Pour ne rien arranger, on accède au Platform Café par une allée sordide le long d'une voie ferrée (les videurs de faction la nuit sont là pour rassurer les clients, pas pour les empêcher de rentrer).

Platform n'a rien d'ordinaire, mais les occupants de Netil House non plus : instructeurs de Pilates, tatoueurs, designers, musiciens, illustrateurs et acrobates ont investi les studios de part et d'autre de l'escalier en lino vert, dernier vestige du passé administratif du bâtiment. En venant la journée, vous pourrez entrapercevoir les artistes à l'œuvre, voire prétendre être du milieu au café, au deuxième étage. Étonnamment spacieux, il arbore un plancher en béton, des meubles vintage dépareillés et une baie vitrée qui donne sur East London. Sur votre gauche, Canary Wharf, sur votre droite, le Cornichon et le Shard. Depuis la terrasse qui surplombe London Fields, le crépuscule est encore plus spectaculaire. Les trains essoufflés qui passent à hauteur des yeux donnent à la scène un petit air futuriste.

Le café entier respire la décontraction et la spontanéité, du personnel jeune et sexy aux plats simples et abordables. La carte renouvelée au quotidien propose une demi-douzaine de plats, tous préparés dans une minuscule cuisine derrière le bar. On y déguste de petits plats végétariens comme une soupe de courge rôtie au gingembre ou une salade de lentilles, dattes et poivrons rôtis. Côté petite restauration, la *bruschetta* aux écrevisses et olives et sa crème aigre au paprika côtoie un sandwich aux légumes rôtis et *paneer* grillé mariné au safran et citron, deux choix aussi inspirés que satisfaisants.

La journée, les haut-parleurs empilés devant les platines distillent une ambiance décontractée. La nuit, on monte le son, alors que la crème de Hackney vient partager potins et boissons abordables sur les canapés en cuir fatigué et les tables en formica. Un piano attend les amateurs, entre soirées cinéma et tournois de ping-pong. Ne manquez pas les soirées sur le toit du Netil 360 (http://netil360.wordpress.com/gallery), ni le marché alimentaire et artisanal de Netil Market le dimanche.

THE POETRY CAFÉ

61

22 Betterton Street, Covent Garden, WC2H 9BX
- Tél. 020 7420 9887
- www.poetrysociety.org.uk/content/cafe/
- Ouverture en semaine de 12 h à 23 h, le samedi de 19 h à 23 h
- Accès : métro Covent Garden ou Holborn
- Petits prix

En vers et contre tout

Ni glamour ni tendance, le Poetry Café cohabite avec le Cercle de poésie, créé en 1909 pour encourager l'étude et la lecture de la poésie britannique. Contrairement à tant d'institutions artistiques ou intellectuelles, il est aussi modeste qu'accessible. À l'instar de l'excellente initiative des « poèmes dans le métro », le Poetry Café propose des instants de sérénité contemplative dans le tumulte de la vie à Londres.

Havre de paix au cœur de l'agitation de West End, ce café dépouillé et étroit dans une ruelle de Covent Garden est rarement bondé en journée. On y trouve toujours un écrivain qui griffonne dans son journal, feuillette les quelques critiques littéraires et recueils de poésie d'occasion ou se perd dans ses pensées. Le personnel laisse les clients rester aussi longtemps qu'ils le souhaitent. Le court menu du jour propose de délicieux plats végétariens : salade grecque, soupe lentilles-coco, quiche aux épinards, pâtes aux noix, brocolis et gruyère. Les gâteaux sont confectionnés sur place ; le pain et le fromage viennent de Neal's Yard.

Le soir, le café s'anime avec les lectures poétiques au sous-sol. La salle est étouffante et décrépite, mais son ambiance est intime, conviviale et accueillante. Des animations y sont organisées presque quotidiennement (sauf le dimanche) : soirées libres, lancements de livres, parfois concerts ou projections pour accompagner les rimes. Pas besoin de réserver, mais vérifiez le programme avant de venir (www.poetrysociety.org.uk/events/calendar).

AUX ALENTOURS

AMPHITHEATRE RESTAURANT
(Royal Opera House, Bow Street, WC2B ; Tél. 020 7240 1200 ou 020 7212 9254 ; www.roh.org.uk)
Le soir, ce restaurant chic au dernier étage de l'Opéra royal n'est accessible qu'à ceux qui ont assisté à une représentation. En revanche, à l'heure du déjeuner, tout le monde peut apprécier ses plats britanniques réconfortants et sa vue fabuleuse sur le marché de Covent Garden, jusqu'à la colonne de Nelson. Le lieu est particulièrement agréable les après-midi d'été, lorsque les tables sont installées sur une terrasse secrète.

POSTCARD TEAS

9 Dering Street, Mayfair, W1S 1AG
- Tél. 020 7629 3654
- www.postcardteas.com
- Ouvert du lundi au samedi de 10 h 30 à 18 h 30
- Accès : métro Bond Street ou Oxford Circus
- Prix modérés

Il suffit d'ajouter de l'eau

L e passé colonial de la Grande-Bretagne est à l'origine de la passion nationale pour le thé. Alors que la plupart des Britanniques se résignent à leurs fameux *PG Tips*, Timothy d'Offay a parcouru le sous-continent indien et l'Extrême-Orient à la recherche de la tasse de thé idéale. À Postcard Teas, les connaisseurs peuvent déguster ses singuliers mélanges provenant d'Inde, du Sri Lanka, de Chine, du Japon, de Taiwan, de Corée et du Vietnam.

Les feuilles de thé en vrac sont vendues dans d'élégantes boîtes décorées de reproductions de cartes postales anciennes appartenant à la collection personnelle de Tim. Comme la boutique dispose de sa propre boîte à lettres rouge, on peut également y envoyer, sans passer par la poste, des sachets de *chai* (thé noir de Ceylan) ou d'*oolong* (« dragon noir » en mandarin : thé chinois bleu-vert), emballés sous vide, à des amis amateurs de thé dans tous les pays du monde. Un timbre témoigne de la provenance du thé, ainsi que du domaine et de la région où il a été produit. Une vente par correspondance insolite dans un salon de thé tout aussi insolite.

On commença à vendre du thé à cette adresse il y a 200 ans : il ne s'agissait guère que d'une épicerie à l'époque ; la devanture du XVIIIᵉ siècle est d'ailleurs restée intacte. L'intérieur est un havre paisible, à l'abri du faste clinquant de New Bond Street. Le décor japonais tout en nuances, avec une musique classique à peine audible en bruit de fond, crée une oasis de calme, même lorsque le restaurant est bondé. « L'idée de créer cette boutique dérive d'une frustration : quand on achète du thé de luxe dans les supermarchés, on a rarement la possibilité de le goûter, ni même de le sentir », me dit Tim en me préparant une tasse du thé « surnaturel » de Maître Matsumoto : s'il ne vous confère pas de pouvoirs surnaturels, ce thé a du moins le privilège de n'avoir jamais été pulvérisé de pesticides ni d'engrais.

Tous les types de thés peuvent être goûtés à la table communautaire de dégustation, chacun d'eux étant servi dans une tasse différente, avec une coupe ou une soucoupe en fonction de son origine. Le thé le moins cher coûte 1,75 £ la tasse, mais le prix des thés les plus rares, à base de plantes ancestrales dont les feuilles sont préparées selon des techniques immémoriales, s'élève à 6 £ la tasse. Depuis le XVIIIᵉ siècle, le thé vert de Maître Luo provient des dix-huit arbustes réservés au président de la Chine. Maître Liu prépare du thé *pu-erh* (thé chinois post-fermenté) qui remonte à l'époque de Gengis Khan.

RIBA

66 Portland Place, Fitzrovia W1B 1AD
- Tél. 0207 631 0467
- www.riba.org
- Restaurant ouvert du lundi au vendredi de midi à 15 h et le mardi de 17 h 30 à 21 h 30
- Café ouvert du lundi au vendredi de 8 h à 16 h
- Accès : métro Great Portland Street ou Oxford Circus
- Prix modérés

Une présentation architecturale

Ceux qui ne sont ni ambassadeurs, ni des stars, ni des poupées de luxe peuvent néanmoins avoir un avant-goût de la vie grand style de Portland Place au Royal Institute of British Architects (RIBA). Fondé en 1834, RIBA n'a inauguré son siège actuel qu'un siècle plus tard. Avec sa façade en pierres de Portland, cet immeuble de six étages a été conçu dans un style minimaliste et moderne, mais sans excès : pas de dorures, pas de tapis à motifs, pas de portraits de personnalités imposantes accrochés aux murs. De lourdes portes de bronze, décorées d'un

relief figurant les principaux monuments londoniens des bords de la Tamise, conduisent à un majestueux escalier de marbre et de verre. Au premier étage, quatre énormes colonnes en marbre noir délimitent le café de l'atrium. Des portes de verre gravées s'ouvrent sur l'élégante salle de restaurant.

Du point de vue géométrique, l'espace est parfaitement harmonieux. Des reliefs ciselés, représentant « l'homme et ses édifices à travers les âges », décorent le plafond et les trumeaux des fenêtres. Des banquettes en demi-cercle et des chaises chromées recouvertes de cuir ont été placées près des immenses fenêtres pour laisser l'espace central de la pièce à des expositions temporaires. L'été, ces fenêtres s'ouvrent sur une terrasse magnifiquement aménagée, aux murs végétaux – l'idéal, en somme, pour un rendez-vous clandestin, surtout le mardi soir quand on peut dîner au restaurant.

À la différence de nombreux cafés de musées, celui-ci n'a pas seulement pour but de rapporter facilement de l'argent en servant des sandwiches ramollis à des prix exorbitants : il s'agit d'un véritable restaurant, avec un excellent service et des prix relativement modestes (en particulier les menus fixes).

Les portions sont copieuses et la présentation, comme il se doit, architecturale.

Avant de partir, jetez un coup d'œil à la splendide bibliothèque d'architecture au troisième étage. Elle comporte plus de 150 000 volumes, 1,5 million de photographies et même un fragment du cercueil de Sir Christopher Wren.

RIVOLI BALLROOM

64

346-350 Brockley Road, Crofton Park, SE4 2BY
• Tél. 020 8692 5130
• www.rivolilondon.com
• Ouverture premier samedi, premier et troisième dimanche du mois.
Consultez le site pour les autres soirées
• Accès : gare de Crofton Park ou Brockley (15 minutes de marche). Bus
171, 172, 122
• Petits prix

Sex
in the banlieue

Il faut de la volonté pour atteindre le Rivoli Ballroom, mais l'expédition dans cette banlieue morose en vaut la peine : voici l'un des lieux les plus enthousiasmants de Londres. Malgré sa façade Art déco, le Rivoli passerait inaperçu sans la voiture ancienne garée juste devant. Deux enseignes indiquent « Danse » et « Tous les soirs ». On y vient toujours pour danser, mais malheureusement plus tous les soirs.

Créé en 1913, le Rivoli s'appelait autrefois le Crofton Park Picture Palace. Comme bien des cinémas, il ferma dans les années 1950 avec l'avènement de la télévision. Après une rénovation menée par Leonard Tomlin, amateur de danse, il renaît en 1959. L'intérieur grandiose (à la fois néoclassique, Art déco et oriental) est intact. L'entrée en marqueterie mène à la salle de danse

aux voûtes écarlates et dorées. Les murs sont en velours rouge, les boiseries dorées sont ornées de strass. Des couples glissent sur le parquet d'érable, dans des tenues qui étincellent sous les lustres en cristal, les lampions chinois et les boules à facettes.

Deux bars flanquent la salle : l'un avec des banquettes en cuir rouge et un comptoir en faïences à arabesques ; l'autre avec du papier peint doré et un plafond en mosaïque. Même les bonnes manières sont surannées : on appelle les femmes « Mademoiselle » et les clients font la queue pour commander.

Le premier dimanche du mois est consacré aux danses de salon ; Bill Mannix, le propriétaire, choisit l'ambiance. Désormais septuagénaire, il dirige le Rivoli depuis plus de trente ans sans que personne ne l'ait jamais vu danser. En revanche, des couples glamour de tous les âges (Ivy, la doyenne, a 92 ans) enchaînent fox-trot et quickstep comme Fred Astaire et Ginger Rogers. Bon nombre ont travaillé comme figurants lors de tournages au Rivoli (*My Week with Marilyn* et *Un jour* y ont été tournés). Le lieu accueille aussi des concerts et des clips, comme ceux de Tina Turner et Florence and the Machine.

La Jive Party mensuelle accueille des groupes jouant un répertoire américain classique. La soirée débute par un cours de swing pour débutants et termine sur du rockabilly endiablé. Lors du Jacky's Juke-box, le premier samedi du mois, les hommes s'emparent du boudoir et en ressortent travestis pour danser sur Louis Prima et la *Fièvre du samedi soir*. Et n'oublions pas le Magic Theatre, où les clients doivent « s'habiller pour impressionner, étonner et charmer », à l'instar du Rivoli Ballroom lui-même.

EXCELLENT
RESTAURANT
DOWNSTAIR

SET
CHOICE OF 2
STARTERS   MAIN

1. BRUSCHETTA   1. GNOCCI

2. GRILLED   2. LINGUINE
   VEGETABLES

3. MIXED   3. SPAGET
   SALAD   OLIO E

4. SOUP OF THE   4. PENNE
   DAY
                  5. PLATTER

£ 10

LUNCH-TIME & PRE-THEAT
10% OPTIONAL

ROSSO DI SERA

5 Monmouth Street, Covent Garden WC2H 9DA
- Tél. 020 7240 3683
- www.sibillafoods.com
- Plats servis du lundi au jeudi de midi à 15 h et de 18 h à 23 h,
le vendredi et le samedi de midi à 23 h 30 et le dimanche de 12 h à 23 h
Café ouvert de 10 h à 17 h
- Accès : métro Covent Garden ou Tottenham Court Road
- Prix modérés

> **« Excellent restaurant downstairs »**

Rosso di Sera fait partie de ces endroits devant lesquels on peut passer des dizaines de fois sans jamais songer à franchir la porte. Au rez-de-chaussée, on dirait un bar à sandwiches assez minable, mais on y prépare un excellent café italien. Sur un écriteau figurent les mots suivants : *EXCELLENT RESTAURANT DOWNSTAIRS*.

Au sous-sol se trouve en effet une remarquable trattoria spécialisée dans la nourriture et le vin des Marches. Située entre la mer Adriatique et les Apennins, cette région méconnue de l'Italie du centre a échappé aux razzias touristiques qui galvaudent de plus en plus, hélas, le reste du pays.

Igor Iacopini et Samuele Ciaralli, les propriétaires, se connaissent depuis l'âge de 5 ans. À l'école, ils avaient le même rêve : jouer dans l'équipe de football d'Ancône. Mais depuis, « leur centre d'intérêt est passé du ballon rond à la boulette (de viande) », comme ils le disent ironiquement. Pendant huit mois, ils ont sillonné les Marches en quête de producteurs artisanaux, s'approvisionnant en ingrédients que l'on ne trouve nulle part en Grande-Bretagne. Ils y retournent plusieurs fois par an pour renouveler leurs réserves de saucisson de Fabriano, de jambon de Carpegna et de *pecorino* (fromage de brebis) que l'on fait vieillir dans du moût de raisin.

Le menu fixe a un excellent rapport qualité/prix, mais goûtez à quelques spécialités telles que les olives « à l'ascolana » (olives vertes farcies de viande et frites), auxquelles on prend vite goût, les *vincisgrassi* (savoureuses lasagnes des Marches, avec du veau, du porc et des abats de poulet) ou le vin cuit aux biscuits secs (bien meilleur que cette désignation pourrait le laisser croire). On prépare tous les jours des pâtes fraîches, mais elles ne servent de garniture qu'à certains plats : n'oubliez pas de les demander quand vous passerez votre commande.

L'ensemble du personnel est italien, comme la plupart des clients. « Les habitués originaires des Marches nous disent qu'ils ont l'impression de dîner dans leur maison de campagne », prétend Igor. Une douzaine de tables sont coincées dans cette petite salle aux tons ocre. Les briques et les poutres apparentes ont été récupérées dans la maison du père d'Igor. Avant de partir, ravitaillez-vous en produits traditionnels dans l'épicerie fine du rez-de-chaussée, et réjouissez-vous en jetant un coup d'œil aux employés de bureaux qui mâchent consciencieusement leurs *panini* sans savoir ce qu'ils ratent au sous-sol.

SHAYONA

54-62 Meadow Garth, Neasden NW10 8HD
• Tél. 020 8965 3365 • www.shayonarestaurants.com
• Ouvert du lundi au vendredi de 11 h 30 à 22 h, le week-end de 11 h
à 22 h (dernières commandes à 21 h 30). Temple ouvert de 7 h à 11 h 45
et de 16 h à 20 h 30
• Accès : métro Stonebridge Park, Neasden ou Harlesden, 15 à 20 min de
marche
• Petits budget

" *Purifiez votre palais* "

Il existe au moins une excellente raison de visiter Neasden, l'un des quartiers les plus ternes de Londres : Shri Swaminarayan Mandir. Ce temple hindou, le plus grand hors d'Inde, rend autant hommage à la taille de pierre à l'indienne qu'à Swaminarayan, son maître spirituel. Seuls du marbre, du calcaire et du bois ont servi à sa construction. Deux ans durant, 1 500 artisans indiens ont sculpté jour et nuit ses sept pinacles, ses six dômes et ses 26 300 pierres délicates. Une fois numérotées, les pierres furent expédiées via 160 conteneurs à Londres, où le temple fut assemblé tel un puzzle géant.

Lors de notre visite, le vestiaire était tenu par un sémillant bénévole de 98 ans, parfaite illustration des vertus du régime sattvique. Celui-ci proscrit

tout aliment épicé et salé comme l'ail et l'oignon, source d'agitation spirituelle et de désir charnel et matériel. On prête aux plats sattviques la vertu de purifier le corps et l'esprit en inspirant compassion et plénitude (Paul McCartney servit des friandises sattviques lors de son mariage avec Heather Mills, mais à en juger par leur divorce amer, elles n'eurent pas l'effet escompté).

Shayona, restaurant caritatif du temple et de la communauté hindoue, est l'unique restaurant exclusivement sattvique de Londres. De l'autre côté de la route et du parking, on y pénètre par un magasin d'alimentation indienne aux rayons débordant de biscuits salés (et *a priori* atrocement épicés) et de *pakora* surgelés. Derrière le comptoir de sucreries fluorescentes, une vaste salle abrite un buffet à volonté. Dans la deuxième salle, plus formelle, un menu embrasse le continent entier. Des familles indiennes se régalaient de *thali* du Gujarat et de *dosa* du Kerala lors de cet après-midi en semaine (les week-ends sont aussi chargés au restaurant qu'au temple). Pas d'alcool ici, seulement des jus frais ou de délicieux lassis à la mangue. Aux entrées frites de *samosa*, de *bhajia* et de *puri* succèdent de généreux plats de l'Inde du Nord : *shayona shahi paneer* (fromage en sauce crémeuse au safran), *dal makhani* (somptueux mélange de légumes secs) ou encore *shayona jeera* (riz au cumin).

Selon le sattva, on ne mange qu'en journée, sans se rassasier pleinement afin de laisser de la place à l'air et l'eau. De la place, c'est bien ce qu'il nous manquait pour le dessert de *gulabjambu* et *rassomalai* arrosés de sirop et de lait concentré. Prévoyez de venir lors des prières du soir, lorsque les moines récitent des mantras envoûtants devant leurs idoles, dont les tenues sophistiquées sont changées plusieurs fois par jour.

SIMPSON'S TAVERN

67

Ball Court, 38¹/₂ Cornhill, The City, EC3V 9DR
- Tél. 020 7626 9985
- www.simpsonstavern.co.uk
- Ouvert en semaine de 12 h à 15 h. Petit déjeuner jeudi et vendredi de 8 h à 11 h. Bar de 11 h 30 à 15 h 30
- Accès : métro Bank
- Prix modérés

> *Tradition et ragoût de fromage*

Tourte à la viande le lundi, rosbif le mardi, épaule le mercredi… Si cela vous rappelle la cantine, rassurez-vous. Les plats du jour du Simpson's Tavern, identiques depuis deux cent cinquante ans, sont bien meilleurs que tout ce qu'on vous forçait alors à ingérer. Et bien d'autres « petits plats honnêtes » vous combleront : côtes d'agneau, purée au chou, stilton et porto en dessert. Absent du menu, le « ragoût de fromage » maison est une fondue à la moutarde servie brûlante sur une tranche de pain grillé, avec une goutte de sauce Worcester et une pincée de piment.

L'adresse (38½ Cornhill) est loin d'être le seul détail insolite de ce petit restaurant du XVIIIᵉ siècle caché dans une allée. Thomas Simpson ouvrit son premier restaurant sur le marché de Billingsgate en 1723. Il y instaura le rituel, hélas disparu, de la « pesée du fromage » : la personne qui réussissait à deviner le poids d'une meule de fromage recevait champagne et cigares. Simpson s'installa au 38½ Cornhill en 1757. Les banquettes d'origine en bois, avec leurs rails en cuivre pour les chapeaux melon, tanguent parfois si les clients corpulents ont trop bu. Les tablées sont communes, ce qui encourage les bavardages avinés.

– Qu'est-ce qu'une côte de porc édouardienne ?

– Une antiquité, comme les serveuses.

– Vous travaillez ici depuis longtemps ?

– À peine trente-trois ans, plaisante Maureen, toujours alerte à 72 ans.

Le Simpson's fut le premier restaurant londonien à employer des serveuses. Maureen, Iris et Nadia gloussent avec les « garçons » (moyenne d'âge : 60 ans). Trisha la jolie blonde repousse les avances dans la salle à l'étage. Jean règne sur le bar en sous-sol depuis plus de trente ans.

Les clientes ne furent admises au restaurant qu'en 1916, et j'ai toujours l'impression de déranger les traders lorsque je m'attable à leurs côtés.

Le « dîner de poisson de 13 heures » (soupe, quatre poissons, deux viandes, pain, fromage, salade) coûtait autrefois deux shillings. Les prix ont beau avoir augmenté, ils n'en restent pas moins raisonnables. Les propriétaires se rattrapent sûrement sur l'alcool : les clients boivent 50 cubis par semaine, et le restaurant n'est ouvert qu'à l'heure du déjeuner en semaine. L'ambiance est à son comble le vendredi : mieux vaut réserver. Sinon, terminez la semaine encore plus tôt que prévu avec un petit déjeuner anglais complet et un redoutable Bloody Mary.

WWW. SIRENA'S .co.uk

SPECIAL SALAD   5.95
MINESTRONE   4.50
RAVIOLI   7.95
PENNE SALSICCIA   7.95

SPAGHETTI N
POLLO FUNGHET

SIRENA'S

68

Southbank House, Black Prince Road, Vauxhall SE1 7SJ
- Tél. 0207 587 0683
- www.sirenas.co.uk
- Ouverture en semaine de 8 h à 17 h
- Accès : métro Vauxhall
- Petits prix

*L'Italie
bon enfant*

En 1815, John Doulton investit toutes ses économies dans une petite poterie le long de la Tamise à Lambeth, quartier de la céramique. Royal Doulton, spécialisée dans le grès décoratif et les canalisations d'évacuation, deviendra l'une des plus grandes poteries du pays. L'usine de Lambeth ferma en 1956 suite aux réglementations sur la pollution, mais une partie du site a survécu.

Le bâtiment, qui abrite désormais des bureaux, a été rebaptisé Southbank House. À l'extérieur, la photo d'un chef nain signale aux passants attentifs la présence d'un restaurant italien en sous-sol. Le site du Sirena's vante une « atmosphère conviviale et décalée » : promesse tenue. Suivez le parfum d'ail et le brouhaha jusqu'en bas de l'escalier décoré d'affiches de la côte amalfitaine. Ouvert en 1991, le Sirena's rappelle davantage 1971, avec ses œillets roses et ses guirlandes d'ail. Les salariés pressés choisiront des sandwiches à emporter. Mais il faudrait être fou pour ne pas profiter des pizzas bon marché, des pâtes savoureuses et des serveurs taquins qui manipulent des moulins à poivre phalliques. Si seulement toutes les entreprises avaient une telle cantine.

« *Buongiorno signora !* » beugle Carlo Raia, l'exubérant responsable napolitain. « J'espère que vous nous trouverez à votre goût. » Le menu est une ode aux classiques des années 1970 : crevettes sauce cocktail, aubergines à la parmesane, poulet à la milanaise. Le choix de pâtes est classique : *amatriciana*, *arrabiata*, *alfredo*, avec quelques touches originales comme les « *rigatoni* à ma façon » (tomate, pois, champignons et une touche de crème). Je ne parlerai pas d'une simple touche de crème pour mes pâtes à la carbonara, noyées dans la Béchamel. Le problème fut vite oublié avec une pizza *Principessa* en forme de cœur offerte par la maison. Le chariot de desserts est une autre tentation fatale avec son tiramisu, ses profiteroles au citron et sa crème caramel.

« *Caffè per lei ?* » demande le serveur en « renversant » un faux café sur mon ami. On sort un gâteau en bois pour le 85e anniversaire d'un habitué dérouté. « 10 % de remise si tout le monde chante *Joyeux anniversaire* ! » rugit Carlo. Le vendredi, difficile de mieux terminer la semaine qu'avec un déjeuner au Sirena's.

AUX ALENTOURS

TAMESIS DOCK
(Albert Embankment, Vauxhall SE1 7TP ; Tél. 0207 582 1066 ; www.tamesisdock.co.uk)
Cette barge néerlandaise, amarrée entre les ponts de Lambeth et Vauxhall, propose un concert de jazz le lundi soir. L'ambiance est psychédélique, mais la vue depuis le pont est fantastique.

THE SIX CLERKS

69

113 Chancery Lane, City of London WC2A 1PL
- Tél. 020 7316 5580
- Ouvert à l'heure du déjeuner du lundi au vendredi de midi à 14 h 30 ; le bar est ouvert du lundi au vendredi de midi à 21 h 30
- Accès : métro Chancery Lane
- Prix modérés

> **Une affaire de cour**

Ouvert au public depuis novembre 2011, The Six Clerks (« les six clercs ») est un restaurant discret qui était à l'origine réservé aux avocats britanniques.

Au cœur de la communauté juridique londonienne, le quartier général de la Law Society (ordre des avocats britanniques) est un édifice néogéorgien coincé entre l'Old Bailey (la cour d'assises) et les Inns of Court (Institut britannique d'études judiciaires). Fondé en 1825 pour éliminer les « avocaillons et les vipères » qui faisaient honte à la profession, l'Ordre accueille aujourd'hui tous les avocats qui exercent en Angleterre et au pays de Galles, et ils sont d'ailleurs tenus d'y être inscrits.

Une fois franchi le poste de contrôle où l'on vous donne un laissez-passer de visiteur, l'impression d'être dans un club continue à prédominer. Des portraits des anciens présidents de l'Ordre sont alignés le long des murs. Une plaque commémore les six clercs (*clerks*) établis dans cette maison de 1511 à 1621, qui faisaient office d'intermédiaires entre les avocats internes et les tribunaux. Leurs bureaux brûlèrent à cause de la négligence de l'un d'eux, qui avait omis de nettoyer la cheminée. Ils les firent reconstruire à l'emplacement de l'actuelle salle de restaurant et occupèrent l'endroit jusqu'en 1778. Ils furent néanmoins contraints de changer de locaux, le plancher s'étant effondré sous le poids de toute leur paperasse.

Si le bar est ouvert de midi jusqu'au soir, l'événement de la journée reste le déjeuner. Le menu a clairement été conçu pour des repas d'affaires : pavés de bœuf, hamburgers, sandwiches club à trois étages. Et tout de même quelques soupes et quelques salades pour le « beau sexe » (la toute première avocate, Carrie Morrison, fut admise au sein de la Law Society en 1922, après avoir battu quatre autres concurrentes dans une épreuve de course à pied le long de Chancery Lane.)

On peut aussi prendre le thé dans la salle de lecture d'origine, entourée de colonnes de marbre rouge, et ornée d'un tapis éblouissant or et bleu saphir : un décor beaucoup plus séduisant que la salle de restaurant presque trop propre sur elle.

SOHO'S SECRET TEA ROOM

70

The Coach and Horses (à l'étage), 29 Greek Street, Soho W1D 5DH
- Tél. 020 7437 5920
- www.sohossecrettearoom.co.uk
- Ouverture tous les jours de 12 h à 20 h. Fermé un mercredi après-midi sur deux pour le déjeuner du Private Eye
- Accès : métro Leicester Square, Tottenham Court Road ou Piccadilly Circus
- Prix modérés

> **Tranches d'histoire et de gâteau**

À deux pas de la Maison Bertaux, divine pâtisserie de Greek Street qui propose de succulentes tartes aux framboises depuis 1871, se trouve une autre icône de Soho : le Coach and Horses, toujours appelé le Norman's par ses habitués conservateurs. Norman Balon, autoproclamé « patron le plus grossier de Londres », géra le Coach de 1943 à 2006. « Qui que vous soyez, prenez la porte », aboyait-il aux clients indélicats. « Italiens et voleurs à la tire » allaient s'enivrer à Greek Street, tandis que les artistes et les journalistes comme Francis Bacon, Lucien Freud et Dylan Thomas préféraient Romilly Street. Jeffrey Bernard, dont la rubrique du *Spectator* s'inspirait de la vie au Coach, fut immortalisé par Peter O'Toole dans la pièce *Jeffrey Bernard is Unwell* de Keith Waterhouse. Ses décors jaunâtres reconstituaient fidèlement l'intérieur du pub.

Grâce à Alastair Choat, le nouveau patron, la déco a conservé ses lambris, ses tabourets usés et ses vitres dépolies pour occulter les commandes de double whisky que certains prennent dès le déjeuner. Le pub sert des *scotch eggs* et des friands. Les habitués pensent toutefois que « manger, c'est tricher », contrairement à l'équipe du *Private Eye*, qui tient un déjeuner bimensuel à l'étage depuis quarante-sept ans.

Il faut se glisser derrière le bar pour accéder à la salle à manger, convertie par Choat en un délicieux salon de thé à l'aide de sa collection de porcelaine ancienne, nappes brodées et disques. Un gramophone diffuse du swing tandis que les serveuses en tablier apportent des collations : scones chauds, confiture maison et crème fraîche, gâteau au citron, génoise ou encore sandwiches concombre, œuf et cresson ou saumon fumé et fromage frais (sans croûte, bien évidemment). Les thés fins en vrac vont de la rose au jasmin. Bien des clients viennent en costume d'époque : jouez le jeu et la maison pourrait vous offrir un verre de champagne.

AUX ALENTOURS

SMITHFIELD'S SECRET TEA ROOM
(105 Charterhouse Street EC1M 6HR ; Tél. 020 7253 3882)
Le Secret Tea Room de Soho possède un jumeau encore plus chaleureux et clandestin à Smithfield. Les heures d'ouverture sont aléatoires : appelez avant de venir ou tentez votre chance en sonnant à la porte brune à côté de la Smithfield Tavern. Un escalier tapissé mène à un salon secret qui aurait pu être décoré par votre grand-tante.

SPORTING CLUB DE LONDRES

71

27 Elkstone Road, Notting Hill W10 5NP
• Tél. 0208 968 3069
• www.sportingclubdelondres.com
• Ouvert du mardi au jeudi de 13 h à 23 h, le vendredi de 13 h à 1 h 30 du matin, le samedi de 13 h à 2 h du matin et le dimanche de 13 h à minuit. Fermé le lundi
• Accès : métro Westbourne Park
• Prix modérés

"

***Du football
au karaoké***

Tout au bout du marché de Portobello, Golborne Road est une rue passablement délabrée où se succèdent de pittoresques boutiques de bric-à-brac, des traiteurs marocains et des boulangeries portugaises qui ont pour le moment miraculeusement échappé à l'embourgeoisement du quartier. Le centre de la communauté portugaise locale est à quelques pâtés de maison de là, dans Elkstone Road, coincé entre un *skatepark* en plein air et un lotissement de logements sociaux. Une banderole verte arborant les lettres scL en guise de blason est la seule chose qui indique que ce formidable restaurant n'est pas un entrepôt à l'abandon. Le Sporting Club de Londres a été inauguré en 1991,

comme l'association de l'équipe de football éponyme des expatriés portugais. Le Portugal est un pays de fanatiques du ballon rond : doit-on s'étonner de voir les murs de ce restaurant recouverts de maillots et de trophées ? Les matchs sont retransmis sur des écrans géants, et quand il n'y a pas de match, on y diffuse des séries télévisées portugaises en boucle.

En milieu de semaine, la grande salle du restaurant – remplie de chaises dorées et de machines à sous – n'est qu'en partie occupée par des habitués auxquels Rui Daniel Faria Velosa, le patron à la voix douce, et son adorable épouse s'adressent comme s'ils faisaient partie de la famille. Comme dans tous les véritables restaurants portugais, les portions sont gigantesques et les légumes rien de plus qu'une garniture.

Le week-end, pour peu qu'il fasse beau, on organise des barbecues dans la cour. Le dimanche après-midi est réservé au loto.

Le vendredi ou le samedi soir, l'ambiance est sensiblement différente : les mordus du ballon rond laissent alors la place à des familles et à des bandes d'amis attirés par un crooner ventripotent qui interprète des versions « karaoké » de Donna Summer, des Gypsy Kings, d'Elvis Presley ou de Police avec un fort accent portugais. Bruno, le maître d'hôtel à la taille de guêpe, se fraye un chemin entre les tables, se dandinant au rythme de la musique en appelant tout le monde *darling* (« chéri »). Au comptoir, des hommes à la chemise ouverte sur un torse velu orné de chaînes en or sifflent des verres d'*aguardente* tandis que des gamins et des adolescents se démènent sur la piste.

Gurdwara
Sri Guru Singh Sabha
Southall

SRI GURU SINGH SABHA GURDWARA   **72**

Havelock Road, Southall, UB2 4NP
- Tél. 020 8574 4311
- www.sgsss.org
- Ouvert de 4 h à 21 h tous les jours
- Accès : gare de Southall
- Petits budgets (repas gratuits, les dons sont les bienvenus)

> **Une leçon de sikhisme**

L e dimanche après-midi, Southall's Havelock Road est aussi embouteillée que Dalal Street, à Bombay, tandis que les fidèles affluent dans le plus grand temple sikh d'Europe. Sri Guru Singh Sabha Gurdwara a ouvert ses portes en 2003 à Southall, la *Little India* de Londres. Les immigrés asiatiques s'installèrent d'abord dans ce quartier dans les années 1950 pour travailler dans les usines des environs, ou à l'aéroport d'Heathrow, non loin de là.

Le premier *gurdwārā* (temple, littéralement « porte du gourou ») sikh de Londres a été construit à Shepherd's Bush en 1902. Il en existe quinze aujourd'hui à travers la ville, mais celui-ci est le plus fréquenté : il accueille environ 1 300 visiteurs par jour et environ 4 000 le week-end. La religion sikh est fondée sur le principe de l'égalité et elle rejette la discrimination des castes : rien d'étonnant, par conséquent, si les non-sikhs sont les bienvenus dans ce temple. Mais ne dérogez pas pour autant au protocole : avant d'accéder à la salle de prière, couvrez-vous la tête (on vous fournira une écharpe, au besoin), ôtez vos chaussures et lavez-vous les mains.

Après l'office, un repas collectif est offert dans le *langar*, une cantine pour le moins spartiate où n'importe qui peut manger gratuitement, quels que soient sa caste, son credo, sa couleur, son sexe ou son statut. La cuisine ouvre tous les jours de 5 h à 16 h environ et prépare un millier de repas par jour pendant la semaine et jusqu'à 3 000 le week-end. L'ensemble est le fruit de dons préparés, présentés et servis par des *sewarders* (bénévoles), avec l'aide de deux cuisiniers professionnels.

Les plats sont purement végétariens et le menu change tous les jours (*dhal*, currys de légumes, sauce au yaourt, riz jaune sucré et gluant, petits pains…). On mange côte à côte, par terre, assis sur des bandes de tapis. Du thé au lait et des bonbons sucrés font office de desserts. Le week-end, les plats sont beaucoup plus variés, mais n'acceptez jamais davantage que ce que vous pouvez avaler : la moindre miette laissée sur l'assiette est considérée comme un manque de respect envers le gourou, à qui l'on doit cette manne généreuse.

Les dons – en argent comme en nature – sont les bienvenus. Les visiteurs peuvent même donner un coup de main dans la cuisine : les actes de charité ou de générosité désintéressée sont le fondement même du sikhisme. En visitant ce temple, on recevra surtout une discrète et élégante leçon d'humilité et de dévouement.

Kingsley Amis **JAKE'S THING**

DICKENS — A TALE OF TWO CITIES

THOMAS HARDY   Tess of the d'Urbervilles

WILBUR SMITH

WILBUR SMITH THE ANGELS WEEP

FRANKENSTEIN Mary Shelley   TEACH YOUR SON BR DAUGHTER TO DRIVE   Thomas Walsh The Eye of t

Winston Graham   After the Act

le Carré   THE TAILOR OF PANAMA   ELIOT

NO COMEBACKS

SWAN & EDGAR

73

43 Linhope Street, Marylebone, NW1 6HL
- Tél. 020 7724 6268
- www.swanandedgar.co.uk
- Ouvert du lundi au samedi de 16 h à 23 h et le dimanche de midi à 22 h 30
- Accès : métro ou gare de Marylebone
- Prix modérés

Un bar à l'abord littéraire

Bourne & Hollingsworth était à l'origine un établissement illégal, un repaire clandestin et souterrain, caché parmi les bars à cocktails tape-à-l'œil de Charlotte Street. Haut lieu de la débauche, très prisé pendant la Prohibition et les bombardements de la Seconde Guerre mondiale, B&H fut victime du succès des surprises-parties qu'on y organisait (et de son extravagante tuyauterie). Mais son double en plus petit, le Swan & Edgar (qui doit son nom à un autre grand magasin disparu de Londres), continue, fort heureusement, d'échapper au système.

Situé dans une jolie ruelle à l'écart, juste derrière la gare de Marylebone, ce petit bistrot unique date des années 1930.

Au-dessus de la porte d'entrée, l'étagère à livres annonce la couleur : la décoration s'inspire en effet de tout ce qui est lisible ou alphabétique. L'idée vient de l'habitude de dissimuler les menus dans des livres de poche chez Bourne & Hollingsworth.

Il fallut trente heures consécutives pour construire le comptoir à l'aide de piles de livres de poche offerts par des amis. Les chaises, les étagères et les corniches sont recouvertes de vieux exemplaires du *Financial Times*. Le sol des toilettes est pavé de pièces de Scrabble : on peut passer des heures enfermé dans les W.-C. à chercher les mots *Swan, Edgar* et *Bourne* dissimulés dans le sol, où figure également une lettre de l'alphabet cyrillique en l'honneur de la copropriétaire russe, Anya. Les banquettes, elles, sont bordées de résidus de tissus recyclés provenant de tailleurs de Savile Row.

Ne vous attardez pas sur la qualité de la nourriture, sans grand intérêt, mais considérez plutôt la liste des vins, courte mais tout à fait abordable. En dépit de l'exiguïté de la salle, où tiennent à peine quelques tables, il s'en dégage une atmosphère agréable qui tient beaucoup à la nonchalance du personnel. Vous aurez du mal à ne pas engager la conversation avec vos voisins de tables car il vous sera pratiquement impossible de ne pas écouter leur conversation. À l'étage se trouve une pièce encore plus intime, idéale pour murmurer des mots doux dans l'oreille de votre bien-aimé(e). Les fumeurs se battent pour obtenir une place sur les bancs à l'extérieur, où l'on peut tirer des bouffées de fumée à loisir en rêvant de s'installer dans l'un des splendides hôtels particuliers de l'époque géorgienne qui se dressent de l'autre côté de la rue : à deux pas de Regent's Park et juste en face du dernier pub à l'ancienne.

SHOREDITCH
HIGH ST.

TIME FOR TEA

TIME FOR TEA

74

110 Shoreditch High St, Shoreditch E1 6JN
- Tél. 020 3222 0073
- Ouvert (en théorie) le dimanche de 14 h à 19 h
- Accès : métro Old Street ou Liverpool Street
- Petits budgets

> **Prendre le thé chez un particulier, comme en 40**

« Vous êtes venue pour le thé ? » me demande un gentleman en brandissant une impressionnante passoire à soupe. Avec son pantalon à taille haute, ses bretelles et sa raie sur le côté, il a l'air de sortir tout droit d'un roman de Graham Greene. Quant au petit salon vert et gris, il date lui aussi des années 1940 : on y voit un portrait du roi George VI suspendu au-dessus d'un vieux piano et une moto Norton garée à côté d'un juke-box d'époque, qui joue des airs de swing à la Glenn Miller.

Si ce salon de thé à l'ancienne ressemble tant au salon d'un particulier, c'est parce qu'on est bel et bien chez un particulier. Mais pas n'importe qui. Cet immeuble reconstitué dans le style des années 1940 appartient à Johnny Vercoutre, créateur de clubs, directeur artistique et passionné d'antiquités. Il lui a fallu trois ans pour restaurer ce bâtiment de cinq étages, un entrepôt d'imprimeur à l'abandon depuis 1942, et lui redonner son apparence d'origine. Il a fait le tour des foires, des antiquaires et des ventes aux enchères, à la recherche de baignoires, de carreaux et de papier peint d'époque. Son dogue allemand rôde parmi les accessoires historiques, qui sont tous à louer. La maison sert souvent de décor de tournage pour des films télévisés ou des vidéoclips de mode, et le petit salon fait également office de salle de projection. À l'occasion de soirées privées, Johnny met des disques 78 tours sur le phonographe.

Le dimanche après-midi, Johnny et Graham Hilleard, son acolyte tout aussi soigné, ouvrent le petit salon qui donne sur la rue pour y servir le thé à leurs amis et à des passants curieux. Dans la minuscule cuisine, des rangées de boîtes à thé d'époque portent les étiquettes de thés exotiques. Les délicieux gâteaux à la banane, à la carotte et à l'orange que l'on a alignés sur le comptoir en bois, c'est Lulu, la mère de Johnny, qui les prépare. Si vous préférez quelque chose de plus traditionnel, demandez des scones avec de la crème fraîche en grumeaux et des sandwiches au concombre, le tout servi dans une porcelaine dépareillée, mais toujours d'époque. Comme il n'y a que quelques tables, attendez-vous à devoir partager votre théière avec des inconnus.

« Si j'ai baptisé mon salon "Time for Tea", c'est parce qu'il y avait une pendule sur la façade et que je voulais rétablir ce rite institutionnel qu'est le thé de cinq heures en Grande-Bretagne », dit Johnny. La pendule d'origine qui orne la devanture de la boutique ne donne pas l'heure : elle n'a pas d'aiguilles. Un symbole qui convient parfaitement à cet endroit où le temps semble s'être arrêté.

THE BOSS

Tiroler Hut
Restaurant

THE TIROLER HUT

75

27 Westbourne Grove, Bayswater W2 4UA
• Tél. 020 7727 3981
www.tirolerhut.co.uk
• Ouverture du mardi au samedi de 18 h 30 à 1 h, le dimanche de 18 h 30 à 23 h
• Accès : métro Bayswater, Royal Oak ou Queensway
• Prix modérés

Yodel et cochon de lait

Le site internet de la Tiroler Hut promet une « soirée animée avec du yodel, de l'accordéon et l'unique cabaret des cloches du Tyrol. » « Animée » est un euphémisme. Rien ne peut préparer à une soirée dans ce temple du kitsch autrichien.

Commencez par amadouer le portier septuagénaire qui adore repousser les foules le week-end. En semaine, aucun problème pour pénétrer dans ce bunker pseudo-alpin décoré de rideaux en vichy, de poutres en bois et de vieilles affiches de skieuses blondes. Les serveuses au bar et les serveurs ventripotents, tous en tenue traditionnelle, font couler le schnaps et la bière à flots. Josep, petit serveur potelé, porte six chopes dans chaque main. « Mon signe astrologique, c'est le lion, pas la pieuvre », raille-t-il en débarrassant une tablée particulièrement éméchée.

Sur une affiche, un chimpanzé devant des pancakes et une pinte de bière donne le ton du menu (festival de la cochonnaille), inchangé depuis l'ouverture en 1967 : soupe au foie, choucroute garnie, escalopes viennoises ou « Mir ist alles Wurst » (assortiment de saucisses frites), promesse d'un arrêt cardiaque. Je n'ai jamais eu le courage de goûter ces plats : les dames préfèrent toutes la fondue.

L'intérêt de la Tiroler Hut ne réside pas dans son menu, mais dans son ambiance. La musique débute généralement vers 20 h 30. Barricadé dans une cabine en bois décorée de babioles alpines, un homme-orchestre joue un medley d'Elvis, Dolly Parton, Santana et Zorba le Grec au glockenspiel et à l'accordéon. « Je préférerais ne jouer que des chansons autrichiennes, mais les clients veulent plus d'ambiance en milieu de soirée », explique Joseph Friedmann, propriétaire hongrois et clou du spectacle. Le thème du bar est inspiré de Christina, son épouse autrichienne. En bouquet final, une chanson de *La Mélodie du bonheur* aux cloches de vache, reprise aussi fort que faux par le bar entier. Friedmann est dans son élément, bien qu'il joue les mêmes chansons tous les soirs depuis quarante ans. « Pas tous les soirs, précise-t-il en souriant. Nous sommes fermés le lundi ».

Fait curieux pour un lieu si décalé, la Tiroler Hut accueille une clientèle tendance. Des photos commémorent la venue de stars amatrices de yodel : Claudia Schiffer, Vivienne Westwood et Juergen Teller nu dévorant une assiette de cochon de lait. « Internet nous a aidés, déclare Friedmann. Surtout depuis que Kate Moss apparaît en page d'accueil. Les gens pensent qu'elle vient tous les soirs. »

TSIAKKOS & CHARCOAL

76

5 Marylands Road, Maida Vale, W9 2DU
- Tél. 020 7286 7896
- Ouverture du mardi au samedi de 19 h à 23 h
- Accès : métro Royal Oak, Warwick Avenue ou Maida Vale (10-15 minutes de marche). Bus 18
- Petits prix (liquide uniquement)

Excellence chypriote

J'ai toujours cru que ce petit restaurant était fermé. Un pavillon noir et des rideaux occultent les fenêtres, la porte est toujours close, les lumières semblent toujours éteintes. Entrebâillez la porte, slalomez entre les packs de bière vides, les feuilles volantes, un joueur de castagnettes maison et deux ados sur Facebook, et vous voici au meilleur restaurant chypriote de Londres.

Ne vous fiez pas aux apparences : le menu est savoureux et l'atmosphère très méditerranéenne. Xenis Pitsiali, barbu coiffé d'une casquette de base-ball, gère le barbecue et les brochettes en plaisantant sans même transpirer. Fidèle au poste cinq soirs par semaine depuis quinze ans, il s'amuse toujours autant. Les parents de Xen, réfugiés politiques arrivés à Londres dans les années 1960, ouvrirent un café sur Portobello Road. Lorsque le restaurant grec préféré de sa famille ferma boutique, Xen prit le relais. Ses trois fils George, Grigoris et Alberto (« en l'honneur de mon beau-père, mon père et Alberto Ascari, un pilote de course ») assurent le service. Dans ce restaurant très familial, même les habitués font partie de la famille.

On dîne dans la salle lambrissée ou le jardin secret tout en bambous et lumières multicolores. Des bougies dans des bouteilles de bière côtoient une statue sans tête et des sofas fatigués pour les fumeurs. La bande musicale, souvent piratée par les clients, va de Barry White à Pulp et David Bowie.

Pas de carte des vins, seulement de la piquette ou de la bière chypriote. Le menu, griffonné sur une feuille déchirée, est immuable. Il reprend les classiques chypriotes : tarama, houmous, *halloumi*, *pasterma* épicées, betteraves à l'ail, ragoût de fèves et salade grecque avec morceaux de feta géants. Xen n'hésite pas à signaler s'il pense que son tarama n'est pas à la hauteur ; mais s'il vaut 10/10, il applique une croix sur la fenêtre pour alerter les habitués. Hormis la brème grillée, les plats sont à base de viande. Oubliez les brochettes : tentez un *kleftiko*, généreux morceau d'agneau juteux sur une montagne de riz pilaf aux clous de girofle et cannelle, ou encore la spécialité de Xen : le porc brûlé de 7 heures, mariné au gingembre, ail et citron. « Il s'appelait "porc de 7 heures", mais je l'ai rebaptisé après avoir fait brûler le repas de Noël de l'équipe du Books for Cooks » (*voir pxx*).

Le restaurant fait honneur à son nom : vous en ressortirez fleurant bon le charbon, parfum synonyme d'un délicieux repas et d'une agréable soirée.

Thai River
Thai cuisine
Breakfast
Special healthy
Vegetarian
Thai River "Special Set Lunch"
finest Thai food from £4.95
02089605988
Thai River "Special Dinner"
Authentic Thai food
02089605988

TUNG TONG

77

308 Latimer Road W10 6QU, North Kensington
• Tél. 020 8960 5988 • www.tungtong.co.uk
• Ouvert du lundi au vendredi de midi à 15 h et de 18 h à 23 h, le samedi
de 18 h à 23 h et le dimanche de 18 h à 22 h 30
• Accès : métro Latimer Road ou White City
• Petits budgets

Nouilles à gogo

Comme son rival, à quelques pâtés de maison de là (voir ci-dessous), le restaurant thaï Tung Tong semble être victime d'une crise identitaire. Il s'appelait Thaï River avant qu'on ne lui attribue le nom d'un célèbre plat thaï : boulettes de viande hachée, émincé de légumes et cacahuètes écrasées, le tout enveloppé dans un carré de pâte *wonton* croustillante (ce plat ne figure même pas sur le menu). *Tung Tong* signifie littéralement « bourse à cordons », mais rassurez-vous : les prix de cette minuscule cantine sont on ne peut plus raisonnables.

En partie industrielle et passablement délabrée, Latimer Road est une avenue si morose que Tung Tong en paraît agréable. L'immeuble qui fait l'angle est recouvert de lierre au point qu'on distingue à peine l'enseigne du restaurant. En suivant une toute petite palissade, on accède à un « jardin tropical » secret, enveloppé de plantes grimpantes et de guirlandes électriques, avec des statuettes de Bouddha qui dépassent du feuillage. Quelques tables y ont été encastrées, outre celles qui se trouvent à l'intérieur, dans un décor simple et tamisé.

Situé dans une zone résidentielle mal desservie, ce restaurant est surtout fréquenté par une fidèle clientèle qui habite le quartier. Le menu comprend tous les classiques thaïs mais aussi des plats plus insolites comme le *Pinky in Blanket* (« petit doigt emmitouflé »), crevettes marinées enveloppées dans une feuille de riz frite.

L'endroit manque certes de professionnalisme, mais ce n'est pas sans charme : radio branchée sur une station arbitraire en guise de musique de fond, serveurs toujours aussi jeunes que sympathiques, ne parlant quasiment pas anglais. On a presque l'impression de dîner chez quelqu'un. Une ambiance familiale et chaleureuse que confirme la mission que s'est donnée la maison : « Nous ne souhaitons pas faire des affaires ; notre seul but est de satisfaire nos clients à tous égards. »

AUX ALENTOURS

FITOU
(1 Dalgarno Gardens, North Kensington W10 6AB ; Tél. 0208 968 0558 ; www.fitourestaurant.co.uk Ouvert du lundi au samedi de midi à 15 h et de 18 h à 22 h 30, fermé le dimanche.)
Caché à côté du parc de Little Wormwood Scrubs, ce restaurant thaï a beau être un des *must* du quartier, rares sont les gens de l'extérieur qui le connaissent. C'est pourtant le paradis des amateurs de plats pimentés. Minuscule boui-boui à l'origine, N° 1 Thaï Café, rebaptisé Fitou, est désormais un restaurant à part entière. Sautez les plats malaisiens et concentrez-vous sur le menu thaï épicé. Le qualificatif *épicé* est ici un euphémisme.

UNDER THE WESTWAY

78

242 Acklam Road, W10 5JJ
• Tél. 020 7575 3123 • www.utww.co.uk
• Ouvert du lundi au jeudi de 9 h à 21 h, le vendredi et le samedi de 9 h à 2 h 30 du matin
Restaurant ouvert le soir de 20 h à 23 h, sur réservation exclusivement
• Accès : métro Westbourne Park ou Ladbroke Grove
• Prix modérés
• Boîte de nuit réservée aux membres. Pour adhérer au club, écrire à cette adresse e-mail : guestlist@utww.co.uk ou bien appeler le 020 7575 3123. La carte de membre coûte 50 £ par an. Les invités doivent payer une somme modique à l'entrée, en fonction de l'événement

> **Sous la route, en quête d'aventure**

Westway a beau figurer dans une chanson des Clash (*London's Burning*) et une des Blur (*For Tomorrow*), elle n'en reste pas moins l'une des routes les plus laides de Londres. Quand elle fut inaugurée en 1970, cette chaussée surélevée à quatre voies qui relie Paddington à North Kensington était la plus grande structure continue en béton de Grande-Bretagne. La plupart des terrains que l'on a dégagés pour faire place à cette « route de l'ouest » ont permis de construire des complexes sportifs et des espaces réservés aux skateurs. Mais une portion de la route passe au-dessus d'un bistrot et d'un club secrets. Under the Westway se trouve en effet à l'intérieur des Westbourne Studios, un gigantesque bunker qui abrite une centaine d'entreprises créatives, des studios d'enregistrement aux graphistes. Des palmiers en pot et des tables de billard ponctuent cet immense espace entouré d'ateliers aux murs de verre où l'on aperçoit des employés dont le travail semble curieusement plus intéressant qu'on n'aurait pu s'y attendre. L'arrière-cour cache un troquet aux compartiments garnis de divans en similicuir. La route passe juste au-dessus de la salle, qui n'est même pas insonorisée, le plafond étant constitué de plaques inclinées de ciment brut. Mais la rumeur de la modernité est si captivante qu'on finit par ne plus entendre le vacarme de la circulation à l'étage supérieur.

Pendant la journée, il n'y a là qu'une simple cafétéria d'entreprise où l'on sert des plats conventionnels – hamburgers, salades, spaghettis, etc. – à des prix très honnêtes. Des plats plus originaux (et plus chers) sont servis le soir. Le week-end, des sessions intitulées « *eatings and meetings* » se prolongent en soirées dansantes (une révélation). Ambiance décontractée, amicale même, et sans prétention, au point qu'on a l'impression d'être à une surprise-partie plutôt que dans une boîte de nuit. « C'est ce qu'on s'attendrait à trouver dans un pub si l'on ne mettait pas tout le monde dehors à 23 h », affirme Étienne Vicard, l'un des deux cogérants franco-grecs. « Un endroit où il se passe des choses », précise-t-il mystérieusement, sans en dire davantage. Under the Westway dispose par ailleurs d'un projecteur de film géant et d'un dispositif sonore parfaitement réglé, ce qui n'étonnera personne étant donné le nombre de musiciens qui résident dans l'immeuble. Le plus célèbre d'entre eux, Damon Albarn, chanteur des Blur, vient de déménager. Mais vous aurez peut être la chance de rencontrer la prochaine vedette au bar.

UPSTAIRS AT RULES

79

35 Maiden Lane, Covent Garden, WC2E 7LB
• Tél. 020 7836 5314 • www.rules.co.uk
• Ouvert du lundi au samedi de midi à 23 h 30 et le dimanche de midi
à 22 h 30
• Accès : métro Covent Garden ou Charing Cross
• Prix élevés

> *Un décor idéal pour retrouver votre amant, votre mère ou votre patron*

Dissimulé au-dessus du plus vieux restaurant de Londres (fondé en 1798), *Upstairs at Rules* est le bar à cocktail dans toute sa splendeur : cette somptueuse planque était autrefois une salle privée où le roi Édouard VII se pâmait et roucoulait en compagnie de sa maîtresse Lillie Langtry.

Jamais bondé, ne faisant aucune publicité, l'endroit se prête toujours à merveille à un rendez-vous galant. Vous aurez l'impression d'accéder à un club très huppé, mais sans le rituel vieux jeu et compliqué qui règne en général à l'entrée. Les murs sont ornés de portraits de la famille royale et de boiseries : un décor idéal pour retrouver votre amant, votre mère ou votre patron.

L'un des autres attraits de cette institution britannique par excellence est son service proprement américain. Réservez un tabouret au comptoir si vous voulez contempler Brian Silva, le barman bostonien, en action. Un véritable spectacle. Autrefois employé à l'hôtel Connaught & Scott's, dans Mayfair, Brian sert des cocktails classiques à la mode des années 1930, comme en témoigne sa collection d'alcools rares, dont 42 types de vermouths. À Rules, on ne prépare pas les cocktails en les secouant dans un shaker : on les remue dans un verre. Si vous lui dites quel est votre alcool favori, Brian se fera un plaisir de battre au fouet, sous vos yeux, un cocktail sur mesure.

Pas de musique à Rules, ni bière, ni café, ni thé. Mais, de midi à 17 h, on vous offre des noisettes caramélisées et des morceaux de stilton, tout en servant d'excellents en-cas britanniques comme des œufs de caille à l'écossaise (durs et enrobés de chair à saucisse) ou du pâté de crabe de Cornouailles.

Après avoir descendu son deuxième verre de Screaming Viking, mon compagnon a commencé à fixer des yeux le tapis aux motifs tourbillonnants rouge et or. Je me suis mise à chercher le renard qui se cache dans la frise du mur (un renard récupéré au Savoy au cours d'une récente restauration). John Mayhew, le propriétaire, a lui-même fait peindre ses chiens et sa Rolls Royce « Bubbles », modèle 1935, dans ce décor où l'on reconnaîtra peut-être Lartington, la résidence champêtre de Mayhew, qui fournit tout le gibier de Rules. Les jours de chasse, goûtez au Buckshot Bullshot, un Bloody Mary à la manière de Brian, à base de consommé de viande de bœuf.

Brian est d'ordinaire de service du lundi au vendredi. Offrez-vous un après-midi en sa compagnie un jour de semaine, quand le ciel est gris et que vous avez du vague à l'âme. Dès que vous apercevrez l'écriteau doré RESERVED sur le comptoir étincelant, vous vous sentirez déjà mieux.

LONDRES BARS ET RESTOS INSOLITES 173

UPSTAIRS BAR & RESTAURANT

89b Acre Lane (entrée dans Branksome Road), Brixton SW2 5TN
- Tél. 020 7733 8855
- www.upstairslondon.com
- Ouvert du mardi au samedi à partir de 18 h 30. La cuisine ferme à 21 h 30 le mardi et le mercredi, et à 22 h 30 du jeudi au samedi. Le bar est ouvert jusqu'à 1 h du matin le mardi et le mercredi, et jusqu'à 2 h du jeudi au samedi
- Accès : métro Brixton ou Clapham North
- Prix élevés

> *Dîner*
> *chez Philippe*

Avec son entrée discrète et son cadre intime, Upstairs ressemble davantage à un club où l'on dîne qu'à un restaurant. Caché dans une rue secondaire et résidentielle de Brixton, l'endroit n'est indiqué par aucune enseigne et seul un interphone presque invisible témoigne de son existence. Lorsque la porte s'ouvre sur un escalier étroit et recouvert de moquette, sans ornement hormis quelques plantes en pots, l'impression d'entrer chez quelqu'un est encore plus forte. Un jeune et timide serveur vous attend sur le palier du premier étage pour vous débarrasser de votre manteau et vous offrir une boisson dans un bar sans âme et plutôt étroit. Ayant fait l'impasse sur l'apéritif, nous sommes aussitôt montés au second étage où se trouve une salle de restaurant guère plus grande que le bar. En dépit d'une musique d'ambiance plutôt feutrée et d'un éclairage à la bougie, le décor est assez sobre : banquettes couleur crème, vaisselle blanche et murs nus, sans fantaisie. De grandes fenêtres donnent sur les tristes devantures des boutiques d'Acre Lane.

Le restaurant appartient à deux Français, Philippe Castaing et Stéphanie Mercier, qui sont aussi les patrons du café Opus, au rez-de-chaussée. Comme il n'y a que neuf tables, le menu à prix fixes est succinct mais d'une qualité assez remarquable.

On passe un moment d'autant meilleur que le maître d'hôtel, un Français à la limite de la caricature, décrit la composition de chaque plat avec un accent si onctueux que nous n'avions aucune idée de ce que nous allions déguster. Peu importe : c'était délicieux.

THE VIADUCT TAVERN

81

126 Newgate Street, EC1A 7AA
- Tél. 020 7600 1863
- Ouverture en semaine de 11 h à 23 h
- Accès :
- Prix modérés

> ## L'un des derniers « gin palaces » de la ville

L'époque victorienne raffolait des châtiments : on encourait la peine de mort pour avoir imité un Égyptien, volé une héritière ou braconné un lapin. Elle raffolait aussi du gin…

The Viaduct Tavern, un pub du XIXe siècle, avait tout compris : il réunit les deux. Premier bâtiment public de Londres doté de l'électricité, The Viaduct Tavern est l'un des derniers « gin palaces » de la ville.

Avec ses miroirs à dorures et son plafond en cuivre martelé, ce pub est un parfait exemple de ces bars fastueux, apparus vers 1830, où se côtoyaient toutes les classes sociales. Un triptyque géant représente les statues du Commerce, de l'Agriculture, de la Science et des Beaux-Arts du viaduc de Holborn, inauguré en 1869 à l'instar de ce pub (cherchez la blessure sur la fesse de la Science, infligée par une baïonnette lors des célébrations de l'armistice en 1918). La gérante distribuait des jetons de gin depuis la cabine en acajou et verre dépoli derrière le bar. Le pub, qui sert toujours un excellent gin tonic, propose dix gins différents.

L'intérieur romantique ne prépare pas à l'horreur du sous-sol. Le pub est construit sur le site de Giltspur Comptor, gendarmerie dont la prison était rattachée à Newgate, établissement tristement célèbre qui fut la plus grande prison de Londres pendant cinq cents ans. Située à l'origine près d'une porte médiévale de l'enceinte romaine de la ville, elle fut détruite en 1902 et remplacée par la Haute Cour criminelle. Si vous le demandez gentiment, le personnel du bar vous montrera cinq cellules d'époque, désormais utilisées comme caves à bière.

Cruellement froides, humides et sombres, ces cellules n'ont rien perdu de leur infamie. On raconte que le fantôme d'une prostituée hante les lieux, mais pas besoin d'être médium pour percevoir l'atrocité qui régnait ici. Jusqu'à 20 criminels (hommes, femmes et enfants) et d'innombrables rats étaient entassés dans ces cellules de 2 m sur 3 sans toilettes ; un geôlier décrivait la puanteur comme « assez suffocante pour retourner l'estomac d'un cheval ». La seule lumière vient d'un trou au plafond qui donne sur la rue, d'où les proches ou les passants jetaient des restes.

Face à ma répulsion, la serveuse polonaise se contente de hausser les épaules. « Au moins, ils ne revenaient pas. Maintenant, les prisons ressemblent à des hôtels ». Fabuleuse ironie, notre retour à l'étage fut salué par *Freedom* de George Michael.

DÎNER À LA WALLACE COLLECTION ⓿②

Hertford House, Manchester Square, Marylebone, W1U 3BN
• Tél. 0207 563 9505
• www.thewallacerestaurant.co.uk
• Ouvert du dimanche au jeudi de 10 h à 17 h (dernières commandes à 16h30), les vendredi et samedi de 10 h à 23 h (dernières commandes à 21h30)
• Accès : métro Bond Street ou Baker Street
• Prix élevés

> *Le genre d'endroit où l'on ne résiste pas à l'envie de commander une coupe de champagne*

Le Victoria & Albert Museum fut le premier musée au monde à posséder un restaurant ouvert au public : le visiteur s'y voyait proposer des menus de trois catégories différentes en fonction de son statut social. Le restaurant de la Wallace Collection semble avoir été d'emblée conçu à l'intention du gratin : à l'intérieur d'une cour surélevée aux murs rose saumon, cette élégante brasserie s'enchâsse dans un majestueux édifice rempli de tableaux de maîtres, d'armures et de toutes sortes de babioles et de colifichets.

On a même presque l'impression de se retrouver à la cour de Versailles, ou du moins dans une galerie parisienne : chaises en fer forgé recouvertes de coussins rouge et or, arbustes plantés dans des urnes géantes et une musique d'orchestre en fond sonore. C'est une version miniature (mais beaucoup plus intime) de la Grande Cour du British Museum.

À l'instar de la collection éclectique du musée, l'interminable menu de plats français de saison est assez hétéroclite. Des classiques qu'on trouve dans n'importe quelle brasserie, comme le steak tartare, la sole meunière ou la tarte Tatin, sont on ne peut plus honnêtes quoiqu'ils n'aient rien d'exceptionnel (même le thé a un je-ne-sais-quoi de français, comme disent si bien les Britanniques : on le sert, l'après-midi, accompagné de toasts au foie gras ou aux rillettes, et d'un assortiment de gourmandises françaises). Quoi qu'il en soit, on est sûr de passer un bon moment dans cette salle somptueuse, ne serait-ce qu'en vertu de l'atmosphère exceptionnelle qui s'en dégage : le moment le plus agréable est l'heure du petit déjeuner (goûtez l'omelette au jambon et au fromage) ou encore les vendredi et samedi soirs (idéal pour un rendez-vous galant), le restaurant étant alors ouvert jusqu'à 23 h, après la fermeture du musée. La magnificence du décor vous invite à l'extravagance : c'est le genre d'endroit où l'on ne résiste pas à l'envie de commander une flûte de champagne.

WAPPING FOOD

83

Centrale hydroélectrique de Wapping, Wapping Wall, Wapping E1W 3SG
• Tél. 020 7680 2080
• www.thewappingproject.com
Ouvert du lundi au vendredi de midi à 23 h, le samedi de 10 h à 23 h
et le dimanche de 10 h à 16 h
• Accès : gares de Wapping Overground ou de Shadwell par la DLR
(Docklands Light Railway)
• Prix élevés

> *Une centrale électrique culinaire*

Ne vous fiez pas à son obscur site internet : ce restaurant fascinant, inauguré en octobre 2000, mérite nettement le détour.

Construite en 1890, la centrale hydroélectrique de Wapping exploitait l'eau de la Tamise pour fournir du courant électrique aux docks environnants et au reste de la ville. Aux beaux jours de l'hydroélectricité, on pompait plus de 150 millions de litres d'eau par semaine sous les rues de Londres, soulevant et abaissant n'importe quoi, du Tower Bridge aux scènes tournantes du West End. Lorsqu'elle ferma ses portes en 1977, la centrale de Wapping était la dernière centrale hydroélectrique de ce type au monde.

Le restaurant se trouve dans l'ancienne chambre des machines et de la turbine : un espace industriel à l'état brut, un rien rouillé et délabré, et ponctué de chaises rouges et de lampes au néon. Des bougies dégoulinent sur un enchevêtrement de tuyaux et de machines. La clientèle est composée d'un mélange d'étudiants japonais, de cadres en costard et d'une kyrielle d'intellectuels de style bohème. Jules Wright, la directrice artistique, avait initialement prévu d'organiser un unique événement dans ces locaux à l'abandon, mais elle s'est entichée de l'édifice au point de trouver les 4 millions de livres sterling nécessaires à sa restauration. Des performances et des installations occupent les chambres où se trouvaient jadis la chaudière et le filtre. Richard Wilson y a détruit et reconstruit un avion, Anya Gallaccio y a installé un bloc de glace de 34 tonnes et Jane Prophet a couvert le bâtiment de 70 m^3 d'eau. Le jour où nous sommes venus, Yohji Yamamoto avait inondé la chambre de la chaudière. À bord d'une barque, on nous a conduits sur ces eaux noires comme de l'encre jusqu'à une robe de mariage gonflée d'air qui faisait des vagues.

La cuisine, elle, est excellente : le chef exerçait autrefois ses talents au St-John restaurant, près des anciens abattoirs du Smithfield Market. Il faut donc s'attendre à des abats sautés à la poêle, à des rillettes et à de croustillants grattons de porc.

Le brunch du week-end est bien aussi : crêpes garnies de framboises et de mascarpone, œufs brouillés aux girolles et toasts à l'huile à la truffe blanche, suivis d'une promenade le long du chemin qui borde la Tamise. À moins que vous ne préfériez vous détendre dans le Prospect of Whitby, le plus ancien pub de Londres qui ait survécu au bord du fleuve (il ouvrit ses portes en 1543).

WHIRLED CINEMA

84

259-260 Hardess Street SE24 0HN
- Tél. 020 7737 6153
- www.whirledart.co.uk/cinema
- Ouverture à 19 h 30, séance à 20 h 30 du jeudi au samedi
- Accès : gare de Loughborough Junction, bus 35, 45, 345, P4
- Petits prix

Sous les arcades

Brixton a de nouveau le vent en poupe depuis l'arrivée de comptoirs gastronomiques dans ses halles, où l'on se régale de *pad thai*, burgers gourmet ou salades biodynamiques avant une toile au fabuleux cinéma Ritzy. Loughborough Junction, quartier miteux à l'extérieur de Brixton, préfère le poulet mariné aux brochettes au *satay*, mais ses habitants possèdent leur propre cinéma secret.

Le lieu est bien caché. Un labyrinthe de magasins de pneus vous attend à la sortie de la gare de Loughborough Junction. La plupart des arcades sous la voie ferrée sont en effet occupées par des garages, mais dans une allée, entre un club de boxe et une église, un néon bleu signale le Whirled Cinema. Sonnez ; un escalier raide mène directement dans la salle de 60 places. Avec ses murs en brique, ses bancs en cuir et son éclairage chaleureux, elle est aussi intime qu'une salle privée. Pas de guichet ici, seulement un petit bar qui sert pizzas, glaces artisanales et pop-corn chic.

Rob Lindsay, le responsable, connaît tous les habitués. Peintre et coursier, il s'embarqua dans cette aventure après avoir loué un atelier dans l'arcade d'à côté. Mike Atterby et Lee Edmonds, créateurs du studio, souhaitaient transformer cette arcade vétuste en un lieu de divertissement. Lindsay sauta sur l'occasion. « J'ai réfléchi au métier de mes rêves : je voulais gérer une salle de cinéma, explique-t-il. Nous étions des amateurs au début, sans argent. » Le personnel du cinéma se compose toujours de bénévoles qui évoluent dans le milieu du cinéma.

L'accès, sur abonnement, est une affaire : 45 £ annuels (ou 30 £ pour six mois) pour deux entrées gratuites à un minimum de 45 séances. L'abonnement hebdomadaire, valable pour une personne, coûte 8 £, ce qui reste moins cher qu'une entrée classique. Du jeudi au samedi, le cinéma projette des films indépendants. Rob vise cinq séances hebdomadaires alors que le bouche à oreille fait son effet (déjà 500 abonnés.) Premier arrivé, premier assis : venez tôt pour éviter de vous battre pour un siège ou passer la séance perché sur le bar.

Après le générique de fin, les spectateurs dissèquent le film devant un mojito ou une margarita, leur conversation seulement interrompue par les trains qui passent au-dessus de la salle. Ne craignez rien : le volume est au maximum pendant la séance pour noyer l'ambiance sonore extérieure.

WILTON'S MUSIC HALL

85

1 Graces Alley, Wapping E1 8JB
- Tél. 020 7702 2789
- www.wiltons.org.uk
- Le Mahogany Bar est ouvert de 17 h à 23 h du lundi au vendredi
- Visites guidées à 15 h et à 18 h tous les lundis
- Consultez le site web pour les horaires des spectacles
- Accès : métro Tower Hill ou Aldgate East
- Prix modérés

> **Le plus vieux « grand music-hall » du monde encore en place**

Décadent et délabré, la peinture s'écaillant des murs, Wilton's Music Hall est beaucoup plus romantique qu'il n'en a l'air : c'est même l'une des scènes les plus voluptueuses de Londres où des filles sans culotte dansaient autrefois le french cancan et des artistes de cabaret avalaient des rats vivants.

Inauguré en 1858, le Wilton's est le plus vieux « grand music-hall » du monde encore en place. Dans une allée à proximité des docks de Wapping, John Wilton transforma cinq maisons contiguës en une salle de spectacle secrète afin d'y établir un formidable café-concert. Alignées contre les rambardes du grand escalier, de sémillantes prostituées tenaient lieu de *Horse Guards* à l'établissement.

L'âge d'or du music-hall ne dura pas longtemps. À mesure qu'il s'industrialisait, le quartier devint de moins en moins attrayant et de plus en plus misérable. Il fallut vendre le gigantesque lustre, avec ses 28 000 pièces de cristal, pour couvrir les coûts de fonctionnement. L'établissement baissa une dernière fois son rideau en 1880. Après avoir essayé pendant des années de le faire fermer, la communauté méthodiste du quartier parvint à occuper les lieux, où elle resta jusqu'en 1956. On y servait 2 000 repas par jour lors de la grève des dockers de 1889, qui donna naissance au premier syndicat britannique. Le music-hall servit également de refuge aux manifestants antifascistes lors de la fameuse bataille de Cable Street, le 4 octobre 1936. Et enfin d'abri antiaérien pendant la Seconde Guerre mondiale. Classé grâce aux efforts du poète John Betjeman qui en évita la destruction, le Wilton's Music Hall a rouvert ses portes en 2000, mais des décennies de manque d'entretien l'ont laissé en grande partie dans un état de délabrement. Géré sans subvention, l'établissement est menacé.

Désormais, tous les lundis soir, des concerts de rock gratuits sont organisés dans le Mahogany Bar, une copie du bar d'origine, réalisée pour *Sherlock Holmes*, le *remake* de Guy Ritchie, dont plusieurs scènes furent tournées dans l'édifice.

Dans le grand hall ont lieu des spectacles de magie et de cabaret, des projections de films et des tournois de ping-pong.

Le chanteur populaire George Leybourne (1842-1884) devint du jour au lendemain une vedette après avoir chanté pour la première fois sa célèbre chanson *Champagne Charlie* au Wilton's Music Hall. L'entreprise Moët et Chandon, qui le sponsorisait, lui acheta un hôtel particulier dans le quartier de Mayfair tout en le payant pour qu'il boive tous les jours du champagne en public dans Hyde Park à bord d'une voiture attelée de six chevaux blancs. Il mourut d'une cirrhose du foie, dans la misère, à l'âge de 44 ans.

THE WINDSOR CASTLE

86

27-29 Crawford Place, Marylebone W1H 4LJ
• Tél. 020 7723 4371
• Ouvert du lundi au samedi de 11 h à minuit et le dimanche de 11 h
à 23 h. Les plats sont servis du lundi au vendredi ainsi que le dimanche
de midi à 15 h et de 18 h à 22 h ; le samedi de 18 h à 22 h
• Accès : métro Edgware Road
• Prix modérés

> *Une chapelle dédiée à la famille royale et à la moustache*

Son nom annonce d'emblée la couleur : ce pub est le plus royaliste de Londres. Il arbore une impressionnante collection de souvenirs « régaliens », constituée par l'ancien propriétaire du pub, Michael Tierney, qui n'est même pas britannique : cet Irlandais originaire du Comté de Galway a pris sa retraite en novembre 2010. La nouvelle propriétaire s'appelle Heather Robinson, une blonde provocante qui a fort heureusement compris qu'il ne fallait pas toucher au décor.

Le bar est décoré de plaques en l'honneur de fameux habitués, anciens ou actuels. On peut notamment y lire : « Réservé à Tom et à John, qui arrosent vingt et un ans d'"entente cordiale" ». Une autre évoque le Handlebar Club of Great Britain (Club des moustachus de Grande-Bretagne), dont les membres hirsutes se réunissent ici même le premier vendredi de chaque mois pour ingurgiter des pintes de bières entre leurs poils de moustache.

La plupart portent l'uniforme et les insignes du club (*member's regalia*) : cravate de soie bordeaux et pull-over assorti, avec une moustache blanche en guise de blason. Les membres potentiels, si l'on ose dire, doivent arborer « un appendice poilu sur leur lèvre supérieure, aux extrémités "attrapables" ». L'autre qualification requise est d'« être capable d'absorber une immense quantité de bière » et de « se poiler à qui mieux mieux », ce qui implique de fréquents toasts à la santé du dernier poil de moustache (« *To the last whisker !* »). De temps à autre, ces fanatiques de la pilosité faciale s'embarquent dans des aventures charitables comme d'évaluer combien de moustachus peuvent tenir dans une Austin Mini.

On découvrira à l'étage une salle de restaurant cachée. Au lieu de la classique *steak and kidney pie* (tourte au bœuf et aux rognons), à laquelle on s'attend, le menu propose un pad thaï. Comme le dit un écriteau, « cela a amusé la reine d'apprendre que le Windsor Castle sert de la cuisine thaï »). Le portrait du couple royal de Thaïlande est naturellement accroché au-dessus de la porte, le reste de la pièce étant réservé à d'austères portraits d'une reine Victoria à l'air renfrogné, à des puzzles en l'honneur de la reine mère et à des clichés de paparazzi de la princesse Diana. Les plats ont été adoucis pour ne pas blesser les palais occidentaux, c'est-à-dire expurgés de l'habituelle surdose de piments, mais le pad thaï et le curry « Kheng Phed » sont tous deux délicieux. Que les traditionalistes se rassurent, on leur servira un classique *fish and chips* s'ils le souhaitent.

YE OLDE AXE

87

69 Hackney Road E2 8ET
- Tél. 020 7729 5137
- Accès : métro Old Street ou Liverpool Street
- Soirée « Greasy rock'n'roll » tous les samedis de minuit à 6 h du matin
- Prix modérés

> **Swing
> en déshabillé**

Ye Olde Axe est l'un des derniers pubs de strip-tease traditionnels de l'East End, quoique Browns, son rival tape-à-l'œil, à quelques mètres de là, semble se prévaloir d'une belle clientèle, avec ses robustes videurs flanqués de fausses torches flamboyantes. Browns plaira peut-être davantage aux amateurs de bling-bling, mais ce pub n'a pas les intérieurs victoriens décadents de Ye Olde Axe : fauteuils en S au cuir collant, moquette encore plus collante, plafond aux panneaux dorés, et un bar en bois couvert de fioritures. Même les extrémités des barres verticales, au centre de la salle, sont garnies d'enjolivures dorées.

Le samedi, vers minuit, Ye Olde Axe propose un tout autre programme. Tandis que les filles se rhabillent à l'intérieur, on se prépare pour la séance hebdomadaire de rockabilly, « *Greasy rock'n'roll* », une fête qui commence à minuit et s'achève à six heures du matin. Le code vestimentaire est très années 1950 : magnifiques robes en vichy, houppes gominées, tatouages à profusion, et des jeux de jambes de virtuoses sur la piste.

Quand, à la première lueur du jour, vous sortirez de là un peu éméché, inutile de vérifier l'heure qu'il est à l'horloge du beffroi à trois faces qui couronne l'immeuble en briques rouges : elle est arrêtée depuis belle lurette. À en croire *The Haunted Pub Guide* (« guide des pubs hantés »), ces murs recèlent un autre secret infâme. En 1979, une équipe d'ouvriers restaura les locaux, à l'abandon depuis vingt-cinq ans. Lorsqu'ils creusèrent les fondations, ils exhumèrent les os des jambes et les crânes de deux cadavres décomposés, qu'on avait enterrés avec une paire de ciseaux rouillés.

GEORGE & DRAGON

(2-4 Hackney Road E2 7NS ; Tél. 0207 012 1100 ; www.whitecubicle.org)
Les toilettes des femmes de ce pub gay assez assourdissant ont été
transformées en une galerie d'art contemporain, « White Cubicle », antidote
ironique au White Cube à l'air pincé qui se dresse non loin de là. Ces toilettes
servent de minable toile de fond à des œuvres *in situ*, qui ont tendance à être
kitsch, dévirilisées et passablement grivoises. On se bouscule aux vernissages
où des DJ drag-queens, des danseurs de boîte et des cuistots spécialisés dans
le guacamole se donnent en spectacle.

Ye Olde Mitre

OPEN
MON — FRIDAY
11 — 11pm

HOT + COLD FOOD
is AVAILABLE
FROM 11:30 - 9:30pm

REAL ALES OUR
SPECIALITY

YE OLDE MITRE

88

1 Ely Court (entrée : Ely Place ou entre les numéros 9 et 10 de Hatton Garden), Farringdon EC1N 6SJ
- Tél. 020 7405 4751
- Ouverture de 11 h à 23 h du lundi au vendredi
- Accès métro Chancery Lane ou Farringdon
- Prix modérés

> « **V**oici incontestablement le pub le plus secret de Londres », affirme John Wright, qui sert bière et croque-monsieur au Ye Olde Mitre depuis 27 ans.

Le pub le plus secret du Cambridgeshire

Pour être exact, ce pub n'est pas à Londres. Construit en 1547 pour les domestiques d'Ely Palace, pied-à-terre londonien de l'évêque d'Ely, il se situe officiellement au Cambridgeshire. À l'époque, les évêques anglais, qui siégeaient au Parlement, possédaient tous une résidence à Londres. Ely Palace comptaient parmi les plus belles, avec ses fontaines, ses vignobles et ses champs de fraises jusqu'à la Tamise.

La version actuelle du Ye Olde Mitre remonte à 1772, peu après la démolition d'Ely Palace. Ce petit pub bancal se cache dans une allée entre Ely Place, voie privée géorgienne, et Hatton Garden, enclave de diamantaires juifs, baptisée d'après Christopher Hatton, favori d'Élisabeth Iʳᵉ. En 1576, Hatton convainquit la reine de lui louer une grande partie d'Ely Palace pour une rose rouge, dix chariots de paille et 10 £ annuels. Il devint par la suite Lord Chancelier, sans pour autant être fin gestionnaire : à sa mort, il devait 40 000 £ à la Couronne.

La première salle du pub, éclairée par une cheminée, contient le tronc préservé du cerisier qui séparait les terres de Hatton de celles de l'évêque. Élisabeth Iʳᵉ aurait dansé autour de cet arbre lors d'une fête populaire. Des bancs en bois et des portraits des Tudor décorent la deuxième salle, qui mène à Ye Closet, arrière-salle qui mérite son surnom de placard. La cour fermée, avec ses tonneaux, est une véritable oasis les soirs d'été. Le menu reste traditionnel : sandwiches, saucisses, cornichons et une belle sélection de bières.

Bien que l'époque des bedeaux soit révolue, les heures d'ouverture coïncident toujours avec celles des grilles d'Ely Place : Ye Olde Mitre est fermé le week-end. Jusqu'en 1978, la police de Londres ne pouvait y pénétrer librement. « Les criminels venaient s'y réfugier car les flics n'avaient pas le droit de les suivre, se souvient Wright. Ils devaient fermer les grilles et attendre les renforts de Cambridge. »

AUX ALENTOURS

CLOISTER CAFÉ

Le seul vestige d'Ely Palace est Ste-Étheldrède, la plus vieille église catholique d'Angleterre, construite en 1291. Contrairement à ce lieu somnolent, l'église médiévale de St-Barthélémy le Grand à Smithfield est à voir. Le café lugubre du cloître sert de la bière trappiste, à savourer en silence comme les moines qui la produisent.

Remerciements
Hannah Robinson, Gaby Agis, Jeremy Redhouse, Bill Nash, et tout particulièrement Angelos Talentzakis.

Crédits photographiques :
Toutes les photos sont de **Jorge Monedero** à l'exception des lieux suivants qui nous ont aimablement prêté les photos : Ace Café, Atelier des Chefs, Barts, Bel Canto, Berry Bros & Rudd, The Big Red, The Boot & Flogger, Bunker Bar, Court Restaurant, Dinings, The Doodle Bar, Experimental Cocktail Club, Fat Boy's Diner, India Club, Knight's Bar, The Mayor of Scaredy Cat Town, No 67, October Gallery, RIBA, Rivoli Ballroom, Shayona, The Six Clerks, Upstairs at Rules, Upstairs Bar & Restaurant, Whirled Cinema, Wilton's Music Hall

Cartographie : **Cyrille Suss** - Conception de la maquette : **Roland Deloi** - Mise en page : **Stéphanie Benoit** - Traduction française : **Lucien d'Azay** et **Audrey Favre** - Lecture-correction : **Muriel Mékiès**

© JONGLEZ 2012
Dépôt légal : avril 2012 – Edition: 01
ISBN : 978-2-36195-015-6
Imprimé en France par Gibert-Clarey
37 170 CHAMBRAY-LES-TOURS